二魚文化

白雞行天宮在台北三峽的山上從廟的右側草坪可以看到屋頂美侖美奐的山牆乃絕妙的民間剪貼藝術

臺灣肚皮

焦桐 著

目次

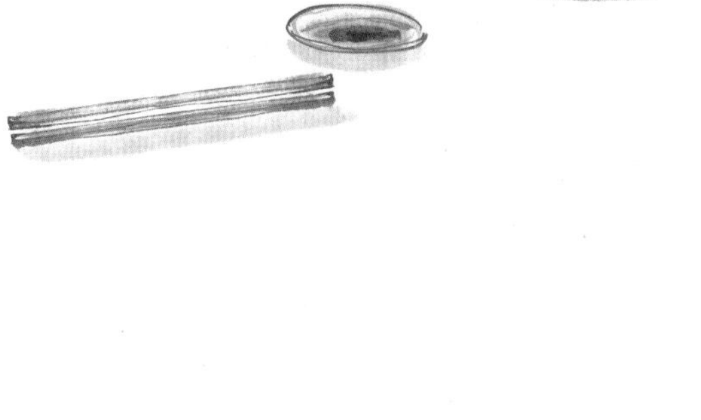

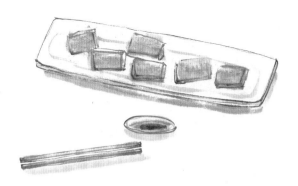

序

飲食美典

廖炳惠

焦桐的新作《臺灣肚皮》彙結了他近年來針對臺灣各種茶點、佳餚、盛宴的走訪、精研心得，這本散文集既是個人或家庭食譜的必要參考指南，更是華人社群裡通俗飲食的美學寶典。這本書的問世可說是老饕們的一大福音。

在四十餘篇的文章中，焦桐從臺灣大、小食美味的緣起、材料、作法、品賞、名店、爭議、資訊，乃至其產銷機制或消費方式、地址、特色等，無不一一加以簡要描述、鑑定。透過詩人精彩而又精湛的文字，這些美食不僅令人垂涎三尺，而且在閱讀的過程中，便已彷彿置身大饗宴，被美味所陶醉、充實，進而提昇到另一個感官萬分滿足的意境。

焦桐以美食、佳餚、機構、菜色、名聲或評價問題為軸，切入各種形色的食材及其烹調技藝，精選出代表精華品牌，提供他長久以來沉浸其中的樂趣與品味感言。即便是日常的食材，如九層塔、紅蔥頭，他都如數家珍，道出真正行家的知識與享受。

有一次臺灣飲食業的泰斗陳飛龍（點水樓、潮江宴老闆）邀約了各界好友，有年輕的少董、媒體主播及焦桐與我等人到城中午餐，他想推出圍繞著九層塔的臺灣品牌菜，在我們一夥人的品頭論足之後，點水樓目前已把九層塔蒸餃正式上桌，讓大家驚豔不已。

當然，九層塔這個看似來自南洋（泰國，甚至希臘）的食材，其實照理說不該是臺灣菜的主角或配角，但是三杯雞及許多臺灣菜都離不了它，焦桐特別就九層塔的味道是否壓過三杯雞的「原汁原味」，讓一些過期的雞肉趁機混水摸魚瞞騙過關，提出專業的見解去釋疑、澄清。即使是對不起眼的九層塔，焦桐都能以他的美食思考與田野訪談功力，提出頗具說服力的觀點，讓眾說紛紜的公案，頓時塵埃落定，剔透亮眼。

九層塔只是四十餘樣食材或美味之中的一個選樣。焦桐從咖啡館、珍珠奶茶、蒙古烤肉、焢肉飯、潤餅，均從食材到作法，做了精要的回顧與品評。眾所周知，美味另一重要的元素是食材，因為原汁原味是飲食美學的核心，同時也是營養健康、生態環境及永續經營最根本的關鍵所在。最近，美國牛的瘦肉精問題已是如火如荼，逼出許多有關食材、利潤及消費者的安全考量。臺灣的「自然豬」或「放山雞」，乃至生機飲食，相較之下，都顯出其本土性格或軟實力的可靠及親切。

除了食材的原真、永續及其口感，佳餚與作法、佐料、烹調技藝及成長歷程其實是息息相關的，焦桐針對每一道菜的傳統、創意及附有爭議的作法，均加以分析，對省錢、省事的另類、替代方案則有些保留，但也接納嶄新實驗，贊成創意產業的新主張。從這些食譜的細節裡，讀者即可獲益，知道如何嘗試、做出道地的佳餚。這可是開創了美滿人生的一個開端或出口。

其次，焦桐也對美食的品牌店及其賣點（實料、創意）做了評估，讓大家更進一步瞭解如何去玩味、鑑賞美食的精心營運之處，更能吃出其中的味道。

生機（或有機）食材或生化實驗成品的標示、考核與追蹤，乃至這些新成份（從牛骨粉、荷爾蒙到雙聚氰胺等）對人體有多大的影響或傷害，迄今仍有許多學術爭論無法讓消費者釋懷。

眼看著美國、臺灣的癌症病患居高不下，實在很難令人放心吃一些來歷不明的食物。焦桐的《臺灣肚皮》其實是飲食安全的索引，他不斷告誡消費者那些店才是良心品牌，如何才能安心、開心、順心。難能可貴的是每篇文章之後，焦桐提供了這些招牌店的資訊，讓我們得以按圖索驥，享受一頓既健康又美滿的饗宴。

焦桐與我已是二十年有餘的酒食好友，道上的親朋都知道我是他的餐飲跟班；其實，令人折服的，還有焦桐的詩、散文以及他愛護妻女的行誼。焦桐的多元創意及親切筆觸在《臺灣肚皮》中展露無遺（當然，我們也都開始有了啤酒但又很快樂滿足的肚皮）。很欣幸能為他的新書添幾筆，我想讀者更會欣賞在他的肚皮之下的多年美食經談。大家好胃口（Bon Appetit）！

二〇一二年春于加州聖地牙哥

此地也見到臺灣人的食堂
壬辰

焢肉飯
阿義

紅蔥頭

臺灣早期受
日本和風
織部皿
的民間彩
繪影響
頗多
丙辰二月
李蕭錕

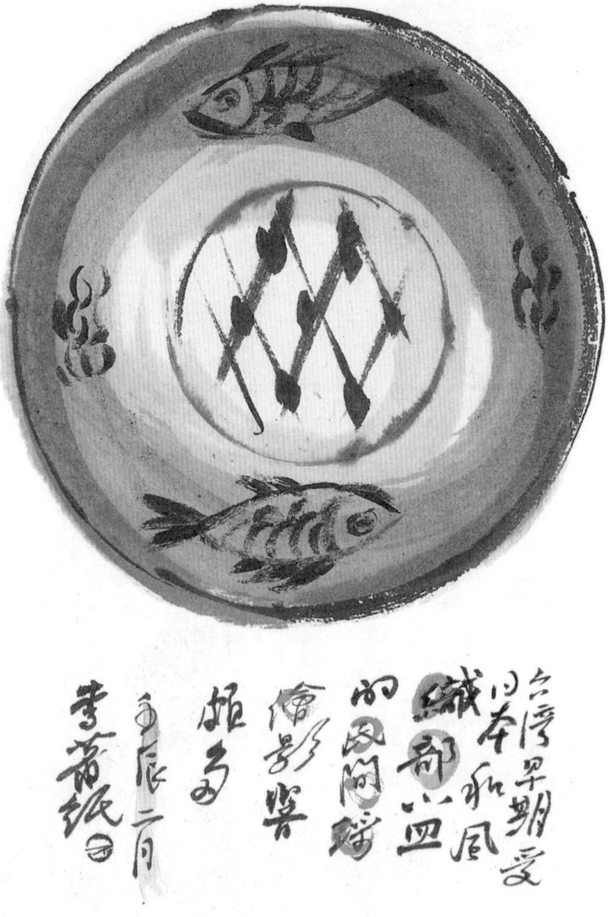

紅蔥又稱珠蔥、分蔥、四季蔥頭、大頭蔥，英文名Shallot，原產於巴勒斯坦，是一種小型蔥，屬洋蔥家族，長相介乎洋蔥、蒜頭間。成熟時，基部結成紡錘形鱗莖，鱗衣紫紅，裡面的肉則呈淺紫近白，曬乾後即是「紅蔥頭」。

成熟的紅蔥頭往往是兩三瓣團聚在一起，形成球狀，貌似蒜頭。臺灣人廣泛使用紅蔥頭，最常以豬油或葡萄籽油炸成「油蔥酥」；油炸時須謹慎掌控溫度，油溫過高會變焦變苦，太低則炸不出香味。選購時，以鱗莖較細長者較香。

此物比蒜頭香，又不像洋蔥那麼嗆，香味及辛辣度都相當含蓄，似乎帶著哲學的思維。

紅蔥頭生吃熟食皆宜，可謂料理中的蕭何，輔佐菜餚成就美味；這料理中的最佳配角，從不強出頭，主要任務是提升食物香氣，其為用大矣，幾乎可運用於各種烹調工法，舉凡蒸、炒、煮、炸、焗、滷、燜、拌、烙、熗皆無不可，如炒肉，焗排骨，羹湯，拌麵，燜肉，燙地瓜葉，都可見其身影。紅蔥也可以整株當蔬菜炒來吃，朱熹曾作詩教訓女兒，其中兩句：「蔥湯麥飯兩相宜，蔥補丹田麥補脾」，可見蔥作為蔬菜的歷史久遠。

有時我會邀家人和朋友在木柵老泉里散步，山林景緻總能滌除塵慮，運動流汗又令人神清氣爽。吸引我去爬山的，恐怕更是山腰那家餐館「野山土雞園」，我歡喜吃他們自種的山蔬野菜，每次去例必點食炒珠蔥，那珠蔥顛覆了蔥只能爆香提味的功能，清香爽口，吃進嘴裡，彷彿沐浴習習山風，覺得自己和大自然緊緊相擁。

臺灣紅蔥頭產地以臺南、雲林為大宗，農曆年後是盛產期，約莫清明前即採收結束；從前多以吊掛方式乾燥保存。也有人在自家頂樓或陽台栽培，以秋季播種為宜，生長發芽率高，全年皆可種植。

我一直覺得南洋食物有親切感，可能是娘惹菜大量運用紅蔥頭。法國所產的紅蔥頭品質優良，依外皮分有灰皮、粉紅皮、金棕皮三種，味道殊異，他們愛用新鮮的紅蔥頭爆香；或將之浸泡於橄欖油中，方便烹飪中隨時取用；或作成葡萄酒醬、雞蛋奶油醬（Bearnaise sauce），搭配各種沙拉、魚、肉增香。

臺灣人最普遍的用法是將它炸成酥脆的油蔥酥，廣泛運用於各種吃食，如製作XO醬，或麵湯、拌青菜，風味小吃滷肉飯、焢肉飯、擔仔麵、泖仔麵、粽子等等更是少不了它。家裡自製過粽子的人皆曉，餡料中的靈魂就是油蔥酥，粽子內可以沒有肉，沒有鹹蛋黃、栗子之屬，卻不能缺乏它；我們備料時總是先細切紅蔥頭，邊切邊吹電風扇，吹走刺激淚腺的辛味。

我很難想像，臺灣人的餐桌若沒有了紅蔥頭，生活將多麼乏味。

清晨出門，上學、上班的人潮還未湧現，街頭那幾家麵攤已開始營業，攤前的蒸氣升騰，召喚過往人的飢餓感。坐定，點食陽春麵，湯上照例飄浮著油蔥酥，畫龍點睛般，使那碗麵看起來精神飽滿。一碗陽春麵沒吃飽，再叫一碗乾拌麵，自然是拌了油蔥酥，香味濃厚實在，很快就又吃得乾乾淨淨，卻強忍住不吃第三碗。路上的行人漸多，捷運站前已蜂湧著人潮，胃腸裡有了油蔥酥麵條，彷彿多了一種振臂工作的能量；今晨只吃了兩碗麵，忽然很欣賞自己的克制力。

一天的清晨由紅蔥頭來開啟是美好的，那氣味，寧靜地進入心扉，在陽光明亮的路上。

古希臘、羅馬人常吃紅蔥頭，視它為春藥，似乎沒什麼根據。然則紅蔥頭有一種鎮定的力量，撫慰海外遊子的鄉愁，按摩吾人的腸胃。

九層塔

育水仙花
尚榮席
陳蝴

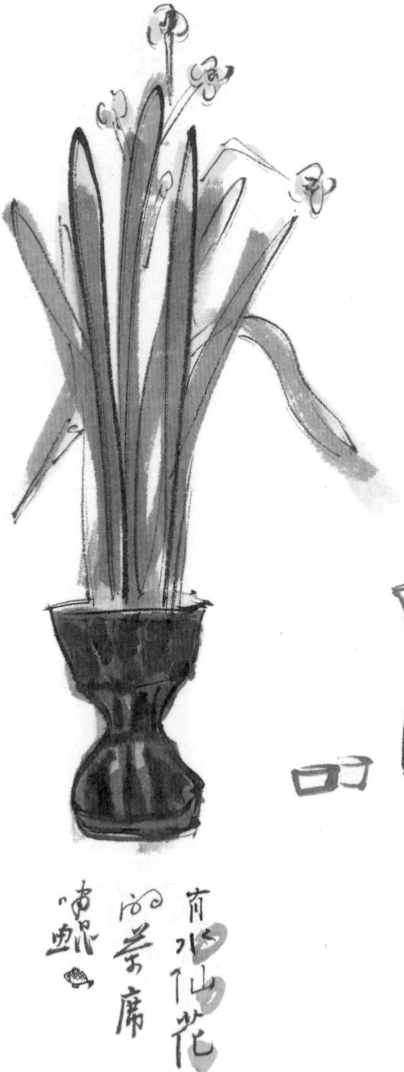

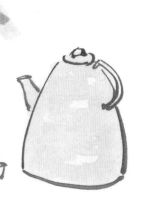

相傳古希臘、羅馬時代，九層塔就有「香草之王」美譽。大概是因其外形層層疊疊，閩南人才如此稱呼；客家人叫它「七層塔」。英文名Basil，西餐中叫「羅勒」，又名「零陵香」、「薰草」。

九層塔性喜溫暖，日曬充足之處所產較為芳香。其品種不少，高緯度地區所生長的，味道和香氣遜於熱帶地區；寒帶地區所生長的甚至帶著苦澀。

臺灣全年都產，以夏秋之間最盛，秋末開花後，葉、梗都轉為粗老，香氣卻更濃。這種香草有青梗、紫梗，紫梗香氣較強；葉片細小者比烏黑肥大者更香。

這是飽含臺灣味道的香草，氣味濃郁，略帶辛辣，能增添菜餚的風味。燒酒雞上桌前放一點進去，有意想不到的美味；由於香氣獨特，也廣泛運用於海鮮料理。我想像它搭配生魚片也是美好的。

主要任務是調味，用以去腥添香，其舞臺多在湯品、沙拉和醬汁，臺菜常見其身影，如肉羹、魷魚羹、生炒花枝、炒海瓜子、炒蛤蜊，以及三杯類菜餚如三杯杏鮑菇、三杯雞、三杯透抽、三杯田雞，或者直接用來乾炸，如伴隨鹽酥雞出現。或炒番茄，綠葉襯托紅茄，味覺和視覺都十分豔麗；或烤茄子，將茄子烤熟軟化，夾九層塔食用。新園鄉新惠宮旁有人用來煎餅，成為地方特色美食。

客家人又比閩南人更愛用它來添香，舉凡煎蛋、佐羹湯、鹹湯圓、燜魚、炒溪蝦、滷豬腳，都常見其身影。客家庄的餐館常用它墊在黃豆豉醬中，滋味曼妙。

此外，更是披薩和義大利麵不可或缺的佐料，九層塔綜合松子、乳酪、大蒜和橄欖油打碎攪拌，即是羅勒醬，也即青醬（Pesto Alla Genoves），道地的北義風味。越南菜也常用來生食以搭配烤肉，或放在蘸醬內以增添香味。我工作室附近有一家披薩專賣店，柴火窯烤，黃昏時買一塊「羅勒鮑菇」披薩坐在公園內，邊吃邊看人們跳舞，運動，遊戲。

這種辛香草幾乎沒有蟲害，又多粗放、零星栽培。盛產時，市場菜販常用來贈送顧客。售價雖則便宜，卻適合自家栽種：一則吾人平常用量有限，又不易保鮮；二則作菜時，常臨時想到用它，專程跑一趟市場太費勁費時，不若自家院子或盆栽中可隨意摘取，因而乃是一般家庭陽台常備的盆栽。

然則九層塔不耐久存，也不宜久煮；放在冰箱裡沒幾天就變黑，放在熱湯中也一下子就轉黑了。美好的事物多很短暫。羹湯中加九層塔，最好是熄火起鍋後才放，才能有效釋放芳香；若煮得過於熟爛，葉、梗內的芳香精油揮散殆盡矣。

義大利人最大的貢獻就是將它浸泡在橄欖油中，有效諸存香味和鮮美。

九層塔生命力頑健，每年春夏間開花，秋季果實成熟後即枯萎。古代謂「蕙」、「菌」、「薰」，由於植株含芳香油，莖、葉、花都有厚重的香氣，古人常用以熏衣，或當香包佩在身上。《楚辭》有許多地方提及，用香草來比喻賢能者，諸如〈九章．悲回風〉：「悲回風之搖蕙兮，心冤結而內傷。物有微而隕性兮，聲有隱而先倡」。又如〈離騷〉：「雜申椒與菌桂兮，豈維紉夫蕙茝？」；「余既不難夫離別兮，又樹蕙之百畝」；「矯菌桂以紉蕙兮，索胡繩之纚纚」；「既替余以蕙纕兮，又申之以攬茝」；「攬茹蕙以掩涕兮，霑余襟之浪浪」……白居易〈后宮詞〉也說：「淚盡羅巾夢不成，夜深前殿按歌聲。紅顏未老恩先斷，斜倚薰籠坐到明」。

它似乎是永遠的配角。然則也不盡然。獲《飲食雜誌》餐館評鑑五星殊榮的臺北「點水樓」，用九層塔設計了一套宴席，使這配角忽然有了亮麗的身姿，「九層塔拌香干」、「鎮江肴肉」、「半天花九層塔」、「九層塔墨魚燒肉」、「九層塔薑蔥鰻片」、「塔香鮮肉一口酥」尤其表現傑出。

我特別欣賞「九層塔拌香干」，九層塔一變為主角，香得令精神振作。我們在上海常吃薺菜、馬蘭頭拌香干，忽然重新認識九層塔，才驚覺原來真正的美人竟在自己家裡。

點水樓（南京店）
地址：臺北市松山區南京東路四段61號
電話：02-8712689
營業時間：11:00-14:30, 17:30-22:00

過貓

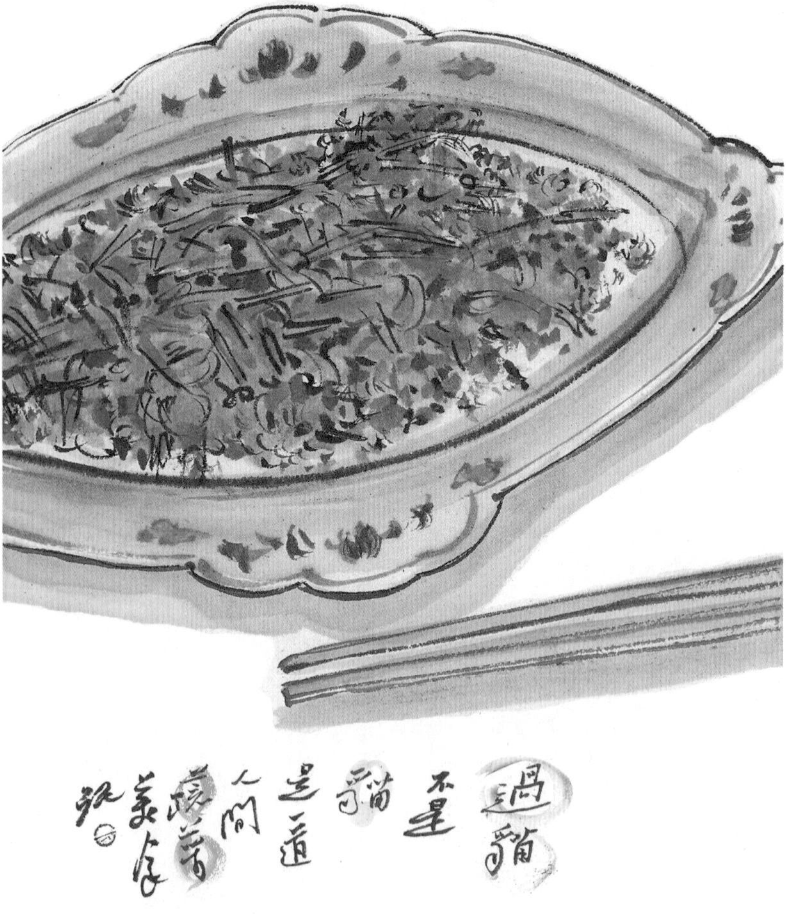

過貓菜即過溝蕨（Vegetable Fern）的嫩莖葉，乃鱗毛蕨科雙蓋蕨屬，臺灣原住民中以阿美族最識此菜，族語稱呼「pahko」，日文為「クハレシダ」。由於嫩葉未展開前，其柄細長，尾端綣曲如鳳尾，又叫「山鳳尾」。過貓菜的綣狀嫩葉一旦展開，即不宜食用。

在花東縱谷的田野、溪澗陰濕處常見這種野菜的身影。現在已堂皇登上大餐館檯面。其生命力強韌，耐濕又耐熱，甚少病蟲害，栽培日多，臺灣以南投、臺東、花蓮為盛；全年皆可生產，尤以五至十月最當令。

馬來西亞稱過貓為「芭菇菜」（puchuk paku），迄今仍為當地土著的日常食物，卻未一直大量種植，馬來人相信自然野生的芭菇菜，有魔幻神秘的味道與文化魅力，遂而連接了藝術創作和民族文化圖騰，帶著熱帶雨林的氣息。

王潤華在我策畫舉辦的「原住民飲食文學與文化國際學術研討會」上發表一篇論文，文中提到孩童時的晚餐桌上常有一盤芭菇菜：「是媽媽或姐姐在河邊所採摘的美味野菜」，做法通常是加上巴辣煎（belacan）快炒，或者煮咖哩；「鮮少清炒，雖然芭菇菜的清香、輕脆，口感十分迷人，但帶有淡淡的野草味，也有一點泥土氣息。但凡是品嘗過幾次巴辣煎炒芭菇菜，一定令人懷念，甚至上癮」。他感嘆城市裏很多華人餐廳為了抬高價錢，常將這道鄉土野菜炒蝦或肉，傷害了野菜的主體性。其實馬來族還是喜歡涼拌吃。

過貓綣曲的末端彷彿一個問號，似乎帶著一種隱喻。王潤華有一首〈芭菇菜〉，詩分三段，其中第二段曰：「晚飯時／一大盤炒熟的蕨菜／仍然從泥濘般的馬來醬裡伸出手／高高舉起巨大的問號／而我們全家人／在眾多的菜肴中／最喜愛用筷子夾起問號／吃進肚子裡／因為在英國殖民地或日軍占領時期／南洋的市鎮和森林裡／有太多悲劇找不到答案」。王潤華來自南洋，芭菇菜連接了成長記憶，有著鄉土的呼喚，也有其魔幻性格，和殖民色彩。

日前在海口「瓊菜王美食村」吃到五指山野菜，口感近似過貓，清香滑嫩，色澤翠綠。這種「鹿舌菜」又名「馬蘭菜」，在戰爭年代是戰士的日常菜，故又名「革命菜」。現在野菜是時髦的盤中餐了，有人吃著吃著吃出感慨：從前在落後的舊中國，野菜吃得香卻吃得不安寧；如今在高級餐館品嚐野菜，油然升起憶苦思甜的滋味。

過貓冷熱皆宜，常見的烹調是涼拌、熱炒、煮湯三法。熱炒可加豆豉、辣椒、蒜頭爆炒，也有人加入雞蛋、覆菜，以麻油炒食甚佳；我覺得用來炒飯也美味。除了臺灣、馬來西亞原住民常吃，北美印地安人、大洋洲毛利人也愛吃。

涼拌的調味方式很多，諸如淋上油醋、果醋，或拌以各種沙拉醬、起司、花生粉、腐乳、醬油、芝麻、味噌等等。我的涼拌作法是：過貓洗淨，切段，先以加鹽沸水汆煮約七分鐘，以去除澀味，再浸泡冷水。起油鍋，爆香蒜末；下過貓、辣椒、調味料拌炒，起鍋前拌花生仁。

過貓的口感滑溜，略帶黏澀，菜蟲猶不懂得品味，因而完全不需噴灑農藥。原住民視為健康養生菜，中醫也說它性甘，寒，滑，有清熱解毒、利尿、安神功能。過貓在鐵、鋅及鉀的表現上都相當突出，屬於高鉀蔬菜；錳含量也比一般植物多，錳能促進發育及血紅素生成，對內分泌活動、酵素運用及磷酸鈣的新陳代謝有幫助。

過貓是原始生命力的象徵，其綣曲的嫩葉色澤如翡翠，姿態綽約撩人；味道宛如一首幽幽的鄉村歌曲，清新，純樸，抒情了我們的日常生活。

福菜

臺灣客家庄在二期稻作收割後，農地常輪種芥菜。芥菜可以鮮吃，也多加工製作成酸菜、福菜、梅乾菜。酸菜、福菜、梅乾菜是臺灣客家庄醃漬芥菜三部曲，酸菜又叫鹹菜，是福菜、梅乾菜的前世。

芥菜收割後，就地在田間曝曬一兩天至萎軟；再一層芥菜、一層鹽入桶醃漬，壓緊密封，發酵半個月，變成酸菜。

酸菜經過風乾、曝曬，塞入空瓶中或甕內，倒覆其出口，封存三個月至半年就變成福菜；填塞過程須用力填實，越緊越好，並倒棄溢出的水分；如果捅得不夠扎實，菜會發黑腐敗。福菜原來叫做「覆菜」，這是因為存放福菜時，醬缸要倒「覆」著放的意思。

酸菜經過徹底的風乾、曝曬，直到水分全失，密封貯存，即變身為梅乾菜。梅乾菜正確的名稱應是「霉乾菜」，乃是製作完成幾乎已全乾，又發了霉，因為霉不是一個好字，大家遂以梅代霉。坊間又多寫為「梅干菜」，「干」字毫無意義。

芥菜又稱長年菜、大芥菜、包心芥菜、雪裡紅、大芥、刈菜。芥菜十月下種，年底可收，應了年節的需求，因此客家人在冬末的餐桌上常見芥菜身影，甚至用做除夕夜的長年菜。邱一帆的客語詩〈阿姆介鹹菜〉描述酸菜和福菜的製作：

該日　就像往擺共樣
適收冬過後介田竇肚
阿姆用心血　種下了一行一行介芥菜
該日　就 lau 往年共款
適日頭曬等介田竇肚
阿姆用汗水　淋出一頭一頭介大菜
昨暗晡　屋家人有機會
圍一圈同心介圓　坐下來
窒出一罐一罐介鹹菜

詩以客語召喚族群情感，以日常食用的芥菜、酸菜重述族群記憶，說話者通過母親辛勤種植芥菜、醃漬酸菜，和家人團圓吃菜，凝聚了親情之美。

醫書說，芥菜所含抗壞血酸，是活性強的還原物質，參與機體氧化還原過程，增加大腦的含氧量，能醒腦提神，消除疲勞。此外，還能解毒消腫，抗感染、預防疾病，抑制細菌的毒性，促進傷口癒合，可作為輔助治療感染性疾病。由於組織較粗，可明目利膈、寬腸通便，是眼科患者、防治便秘的食療佳品。

苗栗縣是臺灣最大的芥菜產地，其中公館鄉的產量又佔了大半，同時也是最主要的芥菜加工區，可謂「福菜之鄉」。

中國大陸的客家庄也廣種芥菜，也據以醃鹹菜，房學嘉在「客家飲食文學與文化國際學術研討會」上發表論文，說鹹菜有三種：「鹹菜有『捺鹹菜』、『水鹹菜』、『乾鹹菜』之分。『捺鹹菜』的制法是用芥菜曬至七八成乾，用鹽『捺』（醃）後入甕，將甕口用菜葉封緊。一個星期後將甕倒扣於大瓷盆上，排出甕內的菜酸液。這種鹹菜是農家餐桌上的常見菜。『水鹹菜』是將大芥菜曬至半乾，再加上粗鹽，搓到較為軟和，然後將每根鹹菜結成紮，裝在『龍衣甕』中，用水醃制，密封起來，經年不壞。而乾鹹菜則將先芥菜焯後曬至半乾，繼而團結放鍋中蒸，蒸後再曬，曬後又蒸，經過三、五次的重複而成」。以上捺鹹菜與臺灣酸菜作法一樣，水鹹菜、乾鹹菜則迴異。

客家人長期的動盪遷徙，不安全感恐已形成一種集體潛意識，那是一種在長期不穩定生活中追求安穩的適應策略，為了便於攜帶並儲存過剩的蔬菜，乃廣泛運用日曬、醃漬，製備耐留的食物，久而形成醬缸的陳香美學。

客家庄多開門見山，較劣的生產條件造成較高的勞動力，需要補充脂肪和鹽分，養成了又油又鹹的飲食習慣。相對貧困的農業經濟，又形塑了勤儉持家的客家人，擅以日曬、醃漬方式儲存食物，客家菜餚中廣泛使用的酸菜、福菜、梅乾菜，即是在保鮮困難的年代所發明，期能長期保存這些芥菜。

臺灣雖小，福菜亦有南北差異，北部對福菜的定義較為嚴謹；南部有人用高麗菜取代芥菜製作福菜，亦有人稱鴨舌草為福菜、蕧菜，鍾鐵民〈蕧菜？好吃！〉敘述：

蕧菜的這個蕧字，客家音唸起來像「降服」的「服」字，也有人稱作福菜；閩南話唸起來則像「學菜」。它雖然被稱為菜，事實上卻是生長在水稻田中的一種雜草，學名稱作「鴨舌草」。尤其六月大冬禾秧苗蒔落土以後，蕧菜隨著秧苗，密密麻麻的在水稻行間發芽生長，如果稻田的土地肥沃，往往長的比稻苗還要快還要好，如果不管它任它生長，它會喧賓奪主一時包蔭住秧苗，影響稻子的發育，所以種田的農友們自來就視之為大敵，除之唯恐不快。從前蠲田搓草，主要對付的也就是這種菔菜呢。

鴨舌草這種野菜，南部客家人常吃，北部則鮮見。劉克襄在《失落的蔬果》中也提及：「南部美濃一帶，鴨舌草可是被人們大量的栽培，被列為可口的菜餚。還有人特別犧牲休耕的水田，專業培植。當休耕的水田注入水後，幾星期內即可生長」。然則鴨舌草畢竟不是我們熟悉的福菜。

福菜是自然發酵，不含防腐劑、色素及添加物，呈現一種高尚的「古風」。它在製作過程需要大量曝曬，充滿了陽光的味道。

在密封的罈內，乾燥而緊緊疊壓的菜，在發酵過程中會產生二氧化碳等氣體，倒覆容器並緊封出口，容器內的氣壓大於外面，令外面的雜菌不易進入，以免破壞了未發酵好的菜。從前多以荷葉封口；現在則是罩上塑膠套，再捆上繩索勒緊，容器四周灑上火灰或石灰。從前農村自製福菜，那些瓶瓶罐罐都堆放在眠床底下；現在則製成真空包裝販售。此外，現在製作福菜已半自動化，用機器震動清洗，更能洗淨菜裡的雜物。

通過福菜、梅乾菜、蘿蔔乾等等這些食物的再現形式（representational forms），重複製作，而延續了客家庄的集體記憶。像二〇一一年行政院客委會舉辦的「齊力趣踩福：千人踏鹹菜」活動，來自全臺各地超過一千五百人穿上鞋套，一起站在巨大的塑膠桶中踩芥菜。踩福菜，帶著採福的隱喻。

這是一項大規模的繼承傳統意識，一種象徵儀式，彼此和不認識的人傳遞共有性，共同收集回憶；再通過強力傳播，召喚族群感情，重複鞏固共同體的血緣關係。

不過千人踩福菜更像一場豐收嘉年華，我在電視上看大家興奮地在桶內跳舞、對著鏡頭微笑，其實並非正確的踩菜方式。蓋踩菜的目的是把縫隙擠壓到最小，務令桶內沒有空氣，並排出菜葉裡的水分；踩踏的方式是身體緩慢轉動，緩慢出力地踩踏，令芥菜密實，踏密實了才不會發霉，屆時才能裝到瓶中製作福菜。

這種瓶中菜最初的意義是節儉惜物，後來才發現它的美好。最常和福菜搭配的是豬肉，它有效吸納油脂，釋放甘美，進而提醒了豬肉的味道。

福菜之為用大矣，可煮可炒可滷可熆可蒸，搭配各種食材烹製。那天然發酵的氣味，豐富了菜餚的滋味；它的酸味可啟發味蕾，並促進油脂的分解，有效矯正重油重鹹的客家口味。

福菜和梅乾菜都帶著山野氣息。由於曬製過程不免沾惹雜質，烹煮前需多加沖洗，滌淨才下鍋。選購福菜時，以淡黃色澤者品質較佳，可用來滷肉、滷桂竹筍、炒冬粉、炒蕨菜、炒苦瓜、熻豬肚、苦瓜鑲肉、蒸魚、蒸肉、蒸冬瓜扣肉、煮肉片湯、煮雞湯、煮排骨湯……

苗栗有很多美味的客家餐館，「龍華小吃」和南庄「飯盆頭」的梅乾扣肉都中規中矩，梅乾菜的質地佳，完美幫助五花肉達成任務；梅乾菜在這道菜中扮演著要緊的角色，梅乾菜曬得好不好，直接關係到成敗。苑裡「聞香下馬」是一家優質小餐館，其「福菜肉丸」表現創意，又呈現正宗客家風味。

我去學校上課時，中午常就近在「新陶芳」吃福菜肉片湯。平日輒在龍泉市場內一攤販吃福菜炒苦瓜，總覺得它提升了整個清粥小菜攤的地位和品質；福菜輕淡的澀味剛好修飾了苦瓜的苦，兩者又皆能回甘，彼此互為賓主，如潮汐陪伴沙灘，如和風撫摸樹林，如月光擁吻海洋，它們表現了調和之美。

聞香下馬

地址：苗栗縣苑裡鎮天下路98號
電話：037-864662
營業時間：平日11:00-15:00，
假日10:00-20:00，週一休息

飯盆頭

地址：苗栗縣南庄鄉南江村小東河8-1號
電話：037-825118, 0921-346118
營業時間：10:00-20:00

龍華小吃

地址：苗栗縣苗栗市勝利里金龍街122號
電話：037-337979, 0932-526280
營業時間：11:00-14:00, 17:00-21:00

樹下禪坐圖
辛亥夏李蕭錕畫

農村佳釀

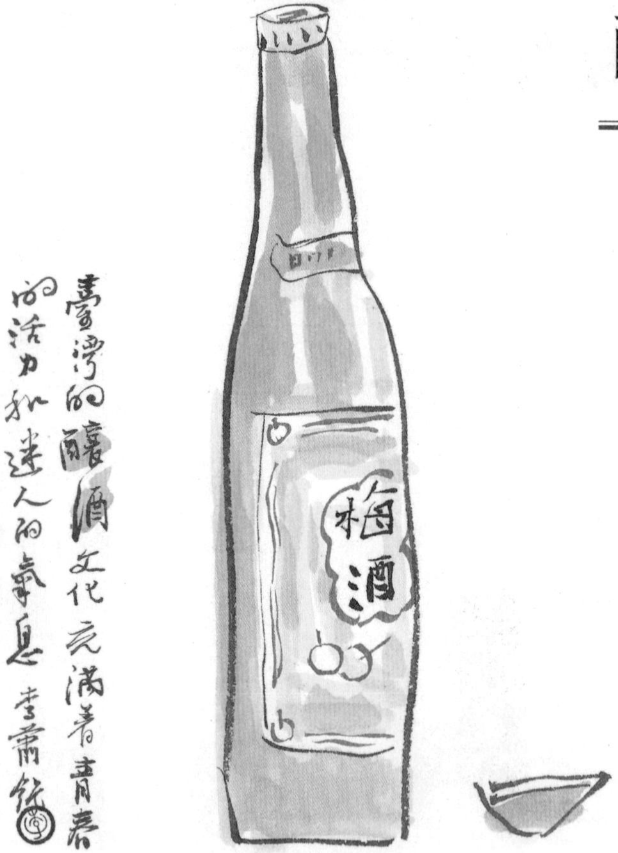
臺灣的釀酒文化充滿著青春的活力和迷人的氣息
李蕭錕
梅酒

臺灣在二〇〇二年開放民間釀酒，農村酒莊迅速成長，短短幾年已有可觀的成績，好像宣告釀酒工業起跑。這些農村酒莊多在山水明媚的地方，它們除了年輕、充滿追求的活力和可塑性，還有一種共同的趨勢：結合休閒旅遊。

臺灣是水果寶島，農村酒莊自經營釀酒工業以來，多以梅子、葡萄、草莓、李子等水果為原料，有些品牌已儼然有明日之星的架勢，例如大湖酒莊的草莓酒「典藏情莓」、玉山酒莊的梅酒「微醺時刻」、車埕酒莊的梅酒「車埕老站長」。

這種從發酵的果汁蒸餾出來的酒法文叫「生命之水（l'eau-de-vie）」，在酒精的香醇中閃耀著魅人的光澤，嬌弱，也充滿野性的力量。

我特別想提樹生酒莊的「冰釀甜酒」，和霧峰鄉農會的清酒「初霧」。「冰釀甜酒」的酒精度約 10%，選用自家栽種、具奶油味的金香白葡萄釀製，酒色淡金，酒質輕淡，甜度不高，果香濃郁，適合冰鎮後飲用。樹生酒莊另一款「金香白葡萄酒」也有不錯的口感，酒色淡黃略帶青綠，清香優雅，溫和平順。

霧峰鄉農會的清酒「初霧」令喝過的朋友都驚豔：臺灣竟能釀出如此愉悅人心的純米吟釀？果真是臺灣人釀的嗎？不是從日本帶回來的？「初霧」之出現江湖，確實得到日本東北大學廣井忠夫的指導，原料以自家栽種的益全香米釀造，精米度60%，香氣淳郁，蘊含清淡含蓄的性格，氣味、喉韻皆屬上乘。

臺灣的農村酒莊可能還不擅長行銷企畫，卻很有創意。信義鄉農會是其中最會說故事的酒莊，所生產的酒都帶著敘述性，都有漂亮的名字，充滿原住民的風趣幽默，如「忘記回家」、「長老說話」、「梅子跳舞」、「小米唱歌」、「山豬迷路」等等，電影《海角七號》講到的小米酒就是他們所產的「馬拉桑」。「忘記回家」是梅酒，酒瓶呈圓錐形，又稱「勇士的血液」，酒精度25%，難怪喝了要忘記回家。

又如車埕酒莊，融入地方的鐵道文化，酒品命名都和鐵道有關，如「鐵道公主」、「車埕老站長」、「烈車長」。「鐵道公主」選用水里所產的梅子釀造，色澤金黃，酒莊的宣傳手冊上如此敘述：「在七〇年代集集支線的通勤列車上，有位最明亮可愛的少女，她是所有少男們心儀的對象，也是當時所有火車族的共同回憶，更是許多人存封多年的暗戀。這個甜美的女孩，我們都叫她『鐵道公主』，品嚐之間彷彿時光回到往昔，又見到那健康美麗的身影緩緩走來」。釀酒的過程滲入少年暗戀的形象，彷彿也增添了迷人的氣息。

我覺得臺灣的農村酒莊都很拚，希望為這些認真耕耘的業者打氣，於是有了美酒配佳餚的構想。二〇〇七年，我請「天下第一鍋」何京寶先生，和「紅利義大利餐廳」林瑋浩先生各自率領他們的團隊，針對幾款佳釀，分別設計出搭配的中、西兩種套餐，和以酒入菜的烹調方式，開拓這些酒的可能性和附加商機。這項構想以品酒試菜會的形式呈現，地點設在我家裡的實驗廚房，參加的客人有平路、李昂、李健全、何麗玲、邱坤良、黃春明、陳幸浩。

後來我又在臺北「天香樓」和桃園「福容大飯店」舉辦水果酒料理宴，拜託楊光宗主廚和陳慶豐主廚設計菜式，前者邀請宇文正、李魁賢、張正傑、陳靜宜、蔡素芬、廖壽棧品評，後者邀請李壽全、林清財、林繼生、劉克襄、廖之韻鑑賞，這些農村佳釀，連接了我和朋友們同餐共飲的經驗。

目前臺灣的水果酒大抵偏甜，較不適合搭配菜餚；可用來調酒，或搭配餐後甜品如水果塔、杏仁及堅果蛋糕，和新鮮水果。獲《2010北臺灣餐館評鑑》最高五星評價的點水樓，選購了不少農村水果酒在餐廳供應，點水樓的甜點放眼中餐廳可謂佼佼者，諸如「檸檬蘆薈」、「草莓奶酪」、「奶皇玉露包」、「有機黑糯米年糕」，吃過都不免吮指回味，現在又結合本土佳釀，使江南美食和臺灣農村有了快樂的結合，例如檸檬蘆薈配冰釀甜酒，不遑多讓於高檔法、義餐館裡的甜點配波特。

無獨有偶，獲《2010臺中餐館評鑑》唯一五星評價的「金園魚翅餐廳」，最招牌的「臺灣一品宴」套餐，就選用了信義鄉農會酒莊的「馬拉桑」作餐酒，可見這兩家高檔餐館鼓舞農村酒莊的心意。

釀酒是一種工業，也是一種藝術，表現為文化和品味，實非短短數載能臻極致。我們期許未來臺灣的釀酒學。

點水樓（南京店）
地址：臺北市松山區南京東路四段61號
電話：02-87126689
營業時間：11:00-14:30, 17:30-22:00

樹生休閒酒莊
地址：臺中市外埔區甲后路水頭巷1-15號
電話：04-26833298, 26830075
營業時間：週一至週五09:30-17:30，
週六、週日09:00-18:00

信義鄉農會酒莊
地址：南投縣信義鄉明德村新開巷11號
電話：049-2791949
營業時間：08:00-17:00

霧峰農會酒莊
地址：臺中市霧峰區中正路345號
電話：04-23399191
營業時間：09:00-17:30

金園中餐廳
地址：臺中市西區健行路1049號
（中港路口）日華金典酒店15樓
電話：04-23246111
營業時間：11:30-14:00, 17:30-21:00

小米酒

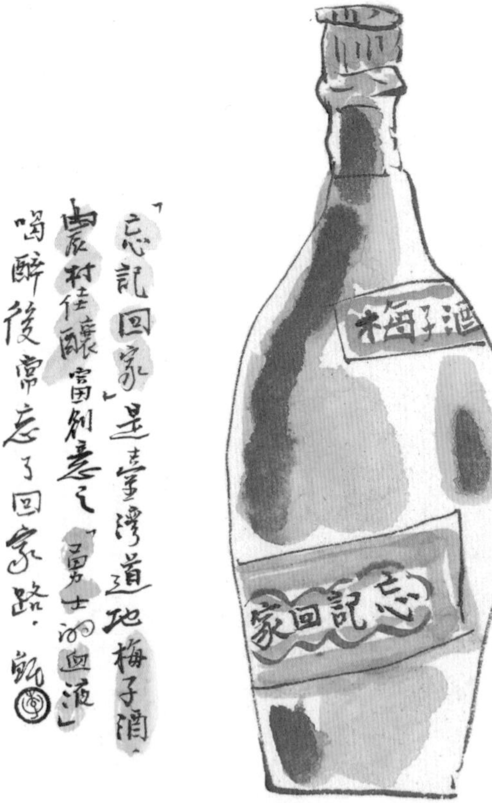

梅子酒
忘記回家
「忘記回家」是臺灣道地梅子酒，農村佳釀富創意之「勇士的血液」喝醉後常忘了回家路。

小米酒最初見於臺灣原住民的豐收祭典，大概除了達悟族，各部族皆有生產，也都有自己的小米酒文化，如排灣、賽夏、泰雅、布農、阿美、卑南等等，小米酒已長期融入原住民的生活中，除了連繫族人和朋友間的感情，更象徵紀念祖靈、敬畏天地的意思。

小米酒採自然發酵法釀造，首先要精選小米，重複清洗，浸泡，蒸煮至半熟；冷卻後拌麴發酵，約十～十五天形成酒澇；加糖加水，進行第二次發酵，此時酒澇表面開始冒泡，展現爆發的生命力；熟陳後再經壓榨，過濾，勾兌工序，才可裝瓶。釀造成敗的因素很多，包括小米的優劣、去殼的精白度、水的質地、擠酒的技術、氣候等等。

小米古代稱「粱」、「粟」，自古為北方人的主糧，栽培甚早，考古證據顯示新石器時代即開始種植；《詩經》唐風、豳風、小雅、大雅皆有歌詠；《楚辭》中也以它作為主要的祭祀供品。又如杜甫〈贈衛八處士〉詩中名句：「夜雨剪春韭，新炊間黃粱」，料想當時他和朋友飲的酒，極可能就是小米酒；另一首〈同諸公登慈恩寺塔〉末兩句亦云：「君看隨陽雁，各有稻粱謀」。

小米的品種不少，米粒較粘者稱「秫」，或「糯粟」；較不粘的就叫「粟」或「秈粟」；後魏時的《齊民要術》即已記載八十六種。三國時期的沈瑩《臨海水土志》記載臺灣原住民擅長狩獵、捕魚，和種植穀物，「用粟造酒，木槽儲之，用大竹筒長七寸飲之」，可見用小米釀酒由來也很久了。

原住民釀小米酒，最初是嚼粟造酒母，《諸羅縣志》載：「搗米成粉，番女嚼米置地，越宿以為麴，調粉以釀，沃以水，色白，曰姑待酒，味微酸」。當然，現在已多用發酵粉攪拌。

只有優質的小米才能釀出優質的小米酒。臺灣的小米酒中我最欣賞宜蘭「不老部落」所釀，號稱以古法釀造，百分之百小米釀製三個半月而成。這是最年輕的泰雅部落，卻是古老的部落型態，泰雅女婿潘今晟（Wilang）散盡家財，努力要打造部落成為理想的人民公社，族人每天到部落上工，一起耕作、織布、吃飯，收入依貢獻多寡分配。

有一年尾牙，二魚文化和心靈工坊聯合在不老部落舉辦，一開始的迎賓酒喚氣泡小米酒，乃用酒釀下層調配啤酒而成，冰鎮後飲用尤能清神，大家各自拿著長串竹籤烤豬肉，即烤即食，邊吃邊喝氣泡小米酒，十分痛快。接著又喝小米清酒，14% 酒精度，乃取酒釀最上層的部分。佐餐時喝純正小米酒，色如甘蔗汁，微酸，微甜，餘韻濃郁，杯底有較多小米沈澱。不老部落小米酒的包裝很簡單，沒有任何圖飾的透明玻璃瓶，外面包著一張白報紙，上書一段故事：

相傳在三、四百年前，祖靈派遣一隻小鳥叼來了小米的種子，從此泰雅族才開始種植小米，為感謝祖靈，泰雅族人每年都會釀製小米酒以獻祭祖靈。

小米酒在泰雅傳統是十分珍貴的飲料，主要是在祭典中使用，味道清純帶有小米香味，嚐起來甜甜的，口感與風味非常特別。泰雅族熱情豪爽把喝酒當做誠懇待人之道，衍生共飲文化稱為「柯和吉」Qohozi，為表達人與人之間的和睦相處，及相互祝福之意。因此，泰雅的老人常會對人說：「請你飲用我的柯和吉」。

這段故事予人珍貴感，生動敘述泰雅族的小米酒起源，和共飲文化。泰雅族喝酒前，都先酒祭：以手指蘸酒在地上點三下，口中唸禱。這一點和蒙古族相似，享用之前先敬天，敬地，敬祖先。

小米酒最佳飲用溫度近似白葡萄酒，溫度雖低，熱情卻會醉人；原住民朋友待客的熱情通過小米酒表示，往往表現「毀滅性地招待」。

我的卑南族朋友孫大川每次喝酒都埋怨：「你們漢人很奇怪，喝酒都不唱歌的」，口氣中流露出一種卑南族的優越感。卑南族好像是天生的歌者，苗栗「力馬工坊」主人南賢天來自南王部落，人稱「情歌王子」，我幾次聽他高歌，歌聲令周圍的熟女們迷醉；他所推出的小米酒加了檸檬，十分清爽，命名「祖靈的呼喚」。

是啊，飲酒當須放歌，曹操名詩〈短歌行〉第一句就唱：「對酒當歌」；杜甫〈聞官軍收復兩河〉也說：「白日放歌須縱酒」。喝小米酒最適合以歌聲來開瓶，我聽過「南王姊妹花」演唱小米酒歌，歌曰：

醇醇的小米酒哦　香香的小米酒哦
是我濃濃的情意　我敬你貴客
連杯的那端請你來喝　連杯的這端我來喝
醇醇的小米酒哦　香香的小米酒哦
是我濃濃的情意　我敬你貴客

連杯的那端請你來喝　連杯的這端我來喝
我們一起乾了這杯兒　興起時何妨高歌　我拍手你來和
你高歌我來和（你高歌我來和）
你高歌我來和（你高歌我來和）
沒有心機　沒有煩惱　真快樂

剛遷居木柵，雖然尚未整理就緒，仍邀了美杏、文輝、小楊、清和兩對夫妻來喝酒，我們先喝玉山酒莊晚近推出的「原野之歌」，再飲不老部落的小米酒，最後再開一瓶大吟釀，三種酒都是米酒。我平日瑣事纏身，疏於連絡朋友，相聚時也只能臨時作了些乾拌麵待客，非常汗顏。

小米酒是臺灣最原始的釀造酒，迄今仍流行，而且在行銷包裝上戮力進取，現在已經頗有時尚感。這是一種充滿感情的酒，還散發著環境氛圍。臺灣的好風景都不乏小米酒，例如我們旅遊阿里山、日月潭，還有什麼比邵族小米酒更適合高山澗水？

不老部落

地址：宜蘭縣大同鄉寒溪村華興巷46號

電話：（日）0919-090061 （夜）03-9614198

營業時間：10:30-16:30

玉山酒莊

地址：南投縣信義鄉東埔村開高巷139-16號

電話：049-2702971

營業時間：08:00-17:00

小米酒
不同於公賣的米酒、台灣民間自製的小米酒具有觀光的發展潛能

東方美人

黃義的長篇小說《東方美人》通過東方美人茶舖排「茶葉大王」姜阿鑫與香妹、蓮妹兩位客家女性的情義故事，其中穿插了許多客家民謠，表現山歌相褒的傳統。

東方美人茶出現於十九世紀臺灣的客家庄，有多種別稱。早期的毛茶運抵大稻埕茶棧，出口前需在「番庄館」再經過烘焙與揀茶，故舊稱為「番庄烏龍」；由於嫩芽的白毫很多，故又稱「白毫烏龍」。各地稱呼也不盡相同：產於新竹縣北埔鄉的名「椪風茶」或「膨風茶」；產於新竹縣峨眉鄉者稱「東方美人茶」；產於苗栗縣頭屋鄉、三灣鄉則喚「番庄烏龍」；此外，另有「冰風茶」、「煙風茶」、「蜒仔茶」、「五色茶」、「老田寮茶」等等，每一種別稱都附會著故事。

相傳百年前，英國維多利亞女王，沖泡臺灣烏龍，見其外觀豔麗，猶如絕色美人在水晶杯中漫舞；品飲後，女王非常驚豔，遂賜名「東方美人」。這故事很無稽，完全不可信；卻相當美麗，流露自我東方化的浪漫想像。

新竹縣的峨眉鄉、北埔鄉為臺灣東方美人茶的最大產地。新竹、苗栗一帶以「青心大冇」為主要茶種；坪林、石碇則以「青心烏龍」為主，輔以少量的「白毛猴」。我偏愛青心大冇，平日所飲，多來自竹苗地區。

採收茶葉在端午節前後十天，炎炎夏日，被小綠葉蟬（浮塵子）吸食的茶芽稱為「著涎」，著涎程度決定茶葉品質之優劣。採摘須用手工，只能採一心一葉或二葉未開面之芽葉製作，取其白毫顯著、茶芽細小。所採心芽以肥大具白毫者為佳，白毫越多越高級；一斤白毫烏龍茶通常需手採三、四千個嫩芽才能製成。茶菁需經過手工揉捻，發酵才均勻，茶形也才會美麗；炒菁、乾燥用低溫。其發酵以接近紅茶的程度製作，在半發酵青茶中是發酵程度最重的，因而令兒茶素氧化大半，不帶苦澀。

和一般烏龍茶製程不同：炒菁後，以布包裹，置入竹簍或鐵桶內回軟，即二度發酵；再進行揉捻、解塊、烘乾成毛茶；再經分級、精製焙火、包裝。葉身呈白、紅、綠、黃、褐五色相間，好像滿腔心事。

除了製作繁複，遭受小綠葉蟬侵害的茶園，產量會減少 10% ～ 20% 左右，在在是東方美人茶價格較高的因素。

世事多不完滿，人生亦多缺憾，美好與否端視我們如何對應。鍾肇政小說《魯冰花》描述的茶蟲，折磨著貧病交加的古阿明一家人，也成就了阿明的繪畫天分。古阿明畫中的茶蟲很猙獰，不但嚙食茶葉，還吃掉人手中捧的飯，透露茶農的恐懼與辛酸。

小綠葉蟬則個頭很小，它把鋸齒狀的觸鬚扎進葉子，吸收養分卻不吞噬葉子，其分泌物在陽光照射下，產生酵素，令嫩葉無法進行正常的光合作用，發育受阻，顏色變成金黃。節儉的客家人拿這種遭受病蟲害的茶葉來製成半發酵茶，茶湯呈鮮豔琥珀色，茶味極醇，有獨特的蜂蜜芬芳。沒想到蜜香竟來自病蟲害，葉芽經小綠葉蟬叮咬後，造成「茶多酚」增強及「茶單寧」增加。茶園為了吸引小綠葉蟬群聚，絕對不能噴灑任何農藥，乃是標準的有機烏龍茶，是烏龍茶最高級的形式。

例如貴腐葡萄酒，葡萄顆粒受到 Botrytis Cinerea 黴菌感染，蛀出肉眼看不見的小孔，使葡萄裡的水分因蒸發而乾癟；原本的病蟲害令葡萄果實變得更甜，並產生更圓滑飽滿的甘油，形成戀愛般的芬芳。

當初若非小綠葉蟬之著涎，則無東方美人茶；著涎的茶葉本來是缺陷，卻變成東方美人的靈魂。大抵好物多瑕疵，缺陷往往存在著深刻的內涵；正如《巴黎聖母院》所描述的卡西莫多，那美麗的心靈，仰賴醜陋的外表來彰顯。斷臂維納斯之美，可能就在於殘缺的手臂，否則那雙手將用什麼姿態擺在何處？我懷疑，林黛玉若非成天病歪歪的，會惹人憐愛？

一般農作物遭受病蟲害皆是負面影響，唯獨小綠葉蟬對重發酵的白毫烏龍具正面貢獻，反而成為烏龍茶中的極品。這種製茶文化的偶然，令東方美人之茶香呈現一種戲劇性張力。易卜生劇作中我最愛他晚期的《野鴨》，他指出那個被謊言維繫的婚姻是「救命的謊言」，令人動容；此劇已不復見《玩偶家庭》、《國民公敵》時期那種寧為玉碎不為瓦全的火氣和張力，而是一種被人生折磨過的寬容和溫和。

泡東方美人茶講究溫和，水溫不可太高，我的經驗以70℃至80℃最能表現韻味，冷泡亦相當迷人。臺灣飲料廣告成功形塑過土氣十足的「開喜婆婆」，農婦妝扮，大紅頭巾、口紅，憨直的笑聲，喚起了在地情懷，不但颳起瓶裝冷飲茶的旋風，更創造出新的流行思考。東方美人茶很適合冷泡，期望開喜婆婆重出江湖，改賣這種冷飲。

著涎是小綠葉蟬蛀過的標誌，那新芽含著小綠葉蟬的分泌物，芽葉蜷曲變黃，生長停頓，封存了獨特的熟果香和蜂蜜氣味，帶著抒情性格。製茶師必須認真製作才對得起這特殊的戳章，也才能令果香和蜜味共譜奇妙的韻律。

彷彿天使的吻，美麗的烙印。《羅蜜歐與茱麗葉》第五幕所詠歎的：「她吻著我，把生命吐進了我的嘴唇裡，於是我復活了，並且成為一個君王」。吻，往往很奇妙，深情一吻，能刺痛心靈，也能堅定意志，美化生命。那是夏天的吻痕，歲月忽已晚，封存的氣味被熱水燙醒，回到這杯茶湯裡。

日新茶園
地址：苗栗縣頭份鎮興隆里上坪5鄰29之1號
電話：037-663749
營業時間：8:00~20:00，週日13:00~20:00

徐耀良茶園
地址：新竹縣峨眉鄉峨眉村10鄰89號
電話：03-5800110, 0930-842075

酸柑茶

我曾經帶「飲食文學專題研究」修課的研究生赴頭份「日新茶園」，採訪園主許時穩先生，實地了解日光萎凋、室內萎凋、炒菁、揉捻等現代製茶過程；也訪談果茶製作。客家庄的果茶有酸柑茶和柚子茶，尤以酸柑茶為大宗，兩者的製作方法相同。至於柚子茶，非指韓國進口的蜂蜜柚子茶，乃是臺灣客家庄的名產。韓國貨比較像果醬，並無絲毫茶味，甚甜，沖泡後彷彿果汁，適合調製雞尾酒。

許時穩曾獲全國十大傑出農村青年，茶廠第四代經營者，是高度自覺力和遠見的茶農，長期栽培有機茶。生產天然健康的茶葉，非僅費時、費力，產量也遠不如慣性施藥的茶園，我們高興日新所產製的烏龍茶、東方美人茶及酸柑茶日益受到好評。

酸柑茶選用虎頭柑，虎頭柑外形碩大，皮厚，色澤澄紅鮮豔，除了在樹上，較常見的是在臺灣人過年的供桌上，觀賞用途大於吃食，蓋其果肉酸澀，只適合用來賄賂神明。

春節過後，虎頭柑失水乾癟，勤儉惜物的客家人遂製成果茶。酸柑茶標準工序是九蒸九曬。首先用特製的金屬圓筒在虎頭柑頂部切割出缺口（或倒扣杯子沿杯緣切割），保留割下的柑皮作蓋子；再剜取果肉，挑剔果籽，絞碎果肉成泥，混合鹽、甘草、薄荷、紫蘇和茶葉，回填進虎頭柑內；回填時務須往緊裡塞，塞得虎頭柑圓滾滾的，才蓋回原先取下的柑皮頂；再以鐵絲或橡皮綁緊那茶柑，送進蒸籠，蒸後要經過曝曬、烘、壓等工序，如此這般九次，直到完全乾燥才算完成。共需費時三個月。

龍潭「福源製茶廠」傳承已五代，所製酸柑茶的工序稍有不同：首先是捨棄切割下來的柑皮，另覓較大的柑皮作蓋子，令柑皮蓋與柑身能更密合，無虞蒸曬過程因縮小而脫落，因而無須綁緊虎頭柑；其次，僅以茶葉塞入柑內，不添加任何中藥材或青草；最後將處理好的虎頭柑排列整齊，上、下以兩塊木板緊壓成扁圓形。

這是有道理的，蒸熟蒸透再曬乾烘乾，才經得起陳放。陳年的過程，酸柑茶會逐漸變皺變小，需重新綑綁；顏色也會逐漸變深，由土黃、深褐而黑。

酸柑茶堪稱緊壓茶，成品硬如石頭，須賴鐵槌整顆敲碎，連皮一起沖泡，所幸茶廠也製成茶包銷售。

這種臺灣客家人特殊的養生茶飲，源自廣東梅縣，現在以桃竹苗一帶為主，南臺灣罕見酸柑茶。起初，酸柑茶是以藥效為目的，製茶多添入幾種青草，並加鹽去除酸味和苦味；混合茶葉的青草各家所製不同，除了前述甘草、薄荷、紫蘇，另有菊花、枸杞、大風等等。這有其中醫學理，不僅那些青草，蓋柑皮烘乾即為「陳皮」，本身即有化痰、鎮咳、解熱功效。

果茶所用的茶葉並非什麼好茶，大抵是製茶過程而淘汰的「茶角」。酸柑茶的青草味遠甚於茶香，其性味功能接近馬來西亞的「何人可涼茶」，何人可涼茶亦是一種保健茶飲，宣稱用二十四種天然草藥結合茶葉製成，有清熱解毒、清肺潤燥的功效；雖曰涼茶，沖泡熱飲較佳。我感冒時殊少看醫生，總是沖泡酸柑茶或何人可涼茶飲用。

茶與中醫自古即關係緊密，茶療在唐代已成氣候，陸羽《茶經》、孫思邈《千金方》、孟詵《食療本草》等等皆不乏記載；詩僧皎然名詩〈飲茶歌誚崔石使君〉喻剡溪茶為長生不老的「瓊蕊漿」，幾乎已是普遍的認知。又如「何須魏帝一丸藥，且盡盧仝七碗茶」，可見東坡居士亦篤信茶療之效。直到今天，「八仙茶」、「枸杞茶」、「川芎茶」、「珍珠茶」、「天中茶」……仍廣泛習用。

酸柑茶越陳越香，辛辣的柑皮，酸味的柑肉，略帶苦澀的茶葉，經過歲月的轉化，像老夫老妻，逐漸把粗礪磨平，逐漸化尖銳為圓融，令頑固變得柔和，呈現一種溫潤感。

然則也不能老得太過份。多年前和幾位熱衷品茗的茶人組成「茶幫」，這個地下幫會組織共推林珊旭為幫主，經常以茶會聯誼，相招飲好茶，有時還頗有鬥茶的況味，往往一飲就一整天，確實也品了不少珍茗。世事玩久了不免玩得過火，有人竟拿出儲存一百多年的酸柑茶，看那顆宛如木乃伊的酸柑茶，著實有些忐忑，不知如何對付它才安心？那次夜飲由詹勳華執壺，雖則是高手執壺，勉強喝了兩杯，大家就不想再繼續了；那茶湯色澤極深，茶味、柑味俱杳，剩下淡淡的苦；有沈香味，強而有力地召喚了什麼古老的事物，曬穀埕，亭仔腳，還透露著詭異的喧鬧氛圍，帶著一種戲劇感。

酸柑茶製作費時耗工，缺乏經濟效益，傳統技藝恐虞失傳。臺灣的茶產業，客家人大抵包辦了五分之三，我們好像也只能寄望客家人維繫酸柑茶。

這幾天感冒，我又拿出酸柑茶沖泡滾水，閉目啜飲，杜甫的詩句忽然就浮了上來，「人生不相見，動如參與商」。近幾年「茶幫」的朋友各分西東，許多人失去了音訊，如Peter、大謝、程延平、朱雋，有人發生了一些事，有人移民加拿大，真的是「世事兩茫茫」了。

日新茶園

地址：苗栗縣頭份鎮興隆里上坪5鄰29之1號
電話：037-663749
營業時間：8:00~20:00，週日13:00~20:00

福源製茶廠

地址：桃園縣龍潭鄉凌雲村39鄰42號
電話：03-4792533

珍珠奶茶

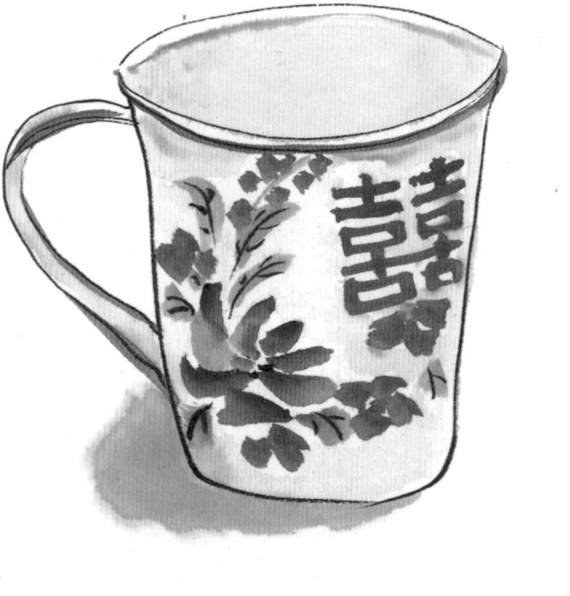
新人二重
奏牙杯
兩人用
臺灣
古早
禮囍
事這
款多

臺灣人在一九八〇年代發明了珍珠奶茶：冰紅茶摻入牛奶、糖，再加上粉圓。四十年來，形式變化甚微，倒是增添了不少口味，作為基底的茶品也多了綠茶、各式花茶和熱飲。

珍珠就是大顆的粉圓，乃黑糖漿、地瓜粉或木薯粉再製；傳統製法是地瓜粉和水拌勻，再搓揉成粒狀，然後以篩網篩出即成。後來發展出的同類產品還有「青蛙下蛋」、「波霸奶茶」；後者和香港豔星葉子媚的走紅有關，她以令人心律不整的巨乳外號「波霸」，這一性感語彙傳入臺灣後，好事者遂戲仿命名。

奶和茶的結合可能起源於唐代。當年文成公主下嫁松贊干布，帶去茶葉，傳授當地人烹茶技術，並用牛奶、羊奶熬煮茶葉，據說他們愛死了這種清香美味的奶茶，已經到了「寧可三日無糧，不可一日無茶」的地步。

不僅美味，其中還存在著養生的道理。中醫觀點認為奶茶能解腥去膻、清內熱。北方的游牧民族長期吃肉，體內維生素和無機鹽不足，導致營養失調、消化不良；喝奶茶剛好可以緩解這些現象。

清代的皇室祭祀，都要奉一碗奶茶來表示敬意。宮廷筵席還把賜奶茶作為隆重的禮儀制度。為了敬重奶茶，乾隆皇帝有一只白玉鑲紅寶石的奶茶碗，專門在重要筵席上自己喝奶茶或賜奶茶用的；這只碗使用完美無瑕的和闐玉製作，在碗外壁近底部和圈足表面，錯飾金片的花草，並用 180 顆紅寶石嵌成花瓣。

「我的馬丁尼用搖的，不用攪的」（” I want martini shake, not stirred.”），好萊塢電影 007 情報員以這句經典臺詞表露品味，他身邊隨時圍繞著性感美女，大概是天下男人的偶像了。珍珠奶茶就是用搖的，不能隨便亂攪和。我愛看業者用用雪克器搖茶，動作瀟灑帥氣，帶著表演性質，總覺得像一種舞蹈。

既是粉圓、奶茶連袂演出，美味關鍵主要在兩者的品質，奶茶須新鮮香醇，避免用奶精、糖精；粉圓的口感講究彈勁，不可黏稠，更不可摻加人工合成塑化劑。

珍珠奶茶的前身是泡沫紅茶，以中國醫藥大學斜對面的「雙江茶行」為佳，其泡沫紅茶、水果紅茶都贊。店家每次用小桶沖泡紅茶，怪不得珍珠奶茶能有獨特的茶香，現泡現賣。

金門老街上的「戀戀紅樓」，是戰地金門轉化為觀光金門後所發展出來的餐館，店門口是一尊石雕風獅爺，好像盡責的衛兵；門楣上結著大紅彩帶，喜氣洋洋的樣子；裡面佈滿了各種懷舊元素：舊電影海報、古早的家庭器物、舊農村用具。最有意思的是店內餐飲多以兩岸政治領袖命名，又自稱「國共餐廳」，帶著調侃況味，如兩種菜單的底圖分別是蔣介石、毛澤東肖像，大搞混雜、戲耍。「毛澤東奶茶」、「人民公社奶茶」、「紅衛兵桔茶」和「馬蕭奶茶」都是招牌飲品，毛澤東奶茶是奶茶加了高粱酒，邏輯特別，味道也很特別。

珍珠奶茶是臺灣年輕人生活中不可短缺的冷飲，街巷隨處可見店家，夜市也不乏攤販。可惜它不適合我這種血糖偏高的肥仔，我只好假裝不喜歡喝。從前有一個同事每天要喝兩大杯這類飲料，奇怪竟能保持身材，只能嫉妒他天賦異稟了。

我在上海、澳門看到臺灣的珍珠奶茶也大受歡迎，忽然升起榮耀感，一種奇怪的認同感。如今珍珠奶茶已風行亞洲、歐洲、美國甚至中東國家；倫敦蘇活區（SOHO）珍珠奶茶店"Bubbleology"生意興隆，其原料、包裝都來自臺灣，老闆 Assad 熱愛臺灣文化，自謂是臺灣養子。

臺中市「春水堂」說他們是珍珠奶茶的發源店，臺南「翰林茶館」負責人涂宗和說他才是珍珠奶茶的發明人。可惜這兩家店當初都未申請專利，就像臺中「太陽堂」太陽餅，全世界賣太陽餅的都可自稱太陽堂本店。

我不在乎誰發明了珍珠奶茶，只在乎誰認真泡茶？在乎誰老老實實製作？由於地瓜粉或木薯粉，都不能令粉圓產生彈牙的嚼感，大部分商家遂添加人工合成塑化劑。

市售奶茶多含香料、增稠劑等添加物，也漸漸以人造奶精取代鮮乳，奶精含反式脂肪酸，奶味濃郁；那是一種娛樂食物（eatertainment）。娛樂食物多含高熱量、高脂肪、高鹽，這種東西很狡猾，從不呈現食物的原味，念茲在茲僅僅是要添加什麼，以全方位滿足人們味覺的快感。像習慣欺瞞的人不會講出真誠的話，當味覺被香料和增稠劑欺瞞慣了，就再也難以接受誠懇而美好的味道。

許多食品加工業者、餐館為了追求最大利潤，罔顧後果地降低成本，竟在飲料、食品中摻入塑化劑。新聞爆發後，我憤怒難抑，鬱悶難紓。我的長女今年二十四歲，她已經吃了二十四年的塑化劑；我的么女今年十二歲，她吃了十二年的塑化劑。甚至連感冒發燒時，醫生總是建議：給她喝運動飲料。我不敢想像這些毒物如何毒害她們的身體。黑心商人的事業越做越大，我們的健康越來越糟。

食品價格無所謂昂貴或便宜，端視它合不合理。諸如用化學藥劑促長的香菇，三個月即可收成；以自然農耕法培育的香菇需費時十二個月才能收成，它們的價格豈能一樣？兩者間的風味、營養、安全當然也迥異。

網友有時會罵頂級餐館賣得太貴，其實應該考慮的是合理與否；頂級餐館的獲利，往往遠不如一般連鎖餐館。形式是最容易模仿的，低級餐館往往以廉價食材模擬了高級餐館的形式，再用相對較便宜的價格招徠不察的顧客；同樣是供應套餐，都有沙拉、前菜、湯、主菜、甜點、飲料，各家餐館呈現的每一種食材、每一個細節卻都存在著極大的落差；吾人學習飲食之道，無非是學習知味辨味，理解食物及其操作。

珍珠奶茶之發明，表現一種粉圓與奶茶的搭配美感，這類例子不少，諸如泡菜與臭豆腐，油條與豆漿，大蒜與香腸，米酒之於四臣湯、五味醬之於章魚……

優質的珍珠奶茶，上面總是一層綿密的奶泡，同時表現茶香和奶香，兩者又能快樂地平衡。它取悅味蕾如同一場優美的舞蹈。粉圓徜徉在茶湯中，吸吮入嘴，輕柔撫觸舌尖，滑動，像舌頭之外另一個舌頭。每一顆粉圓溜進嘴裡都像一次甜蜜的吻。

雙江茶行
地址：臺中市北區學士路150號
電話：04-22359070
營業時間：11:00-22:00，每月第二、四個週日店休

春水堂
地址：臺中市西屯區朝馬三街12號
電話：04-22549779
營業時間：一樓8:30-23:00，二樓9:30-23:00

翰林茶館（赤崁店）
地址：臺南市中西區民族路二段313號
電話：06-2212357
營業時間：09:00-03:00

戀戀紅樓
地址：金門縣金城鎮模範街22-24號
電話：082-312606
營業時間：11:00-23:00

寒夜客來茶當酒
南翁畫

鐵路便當

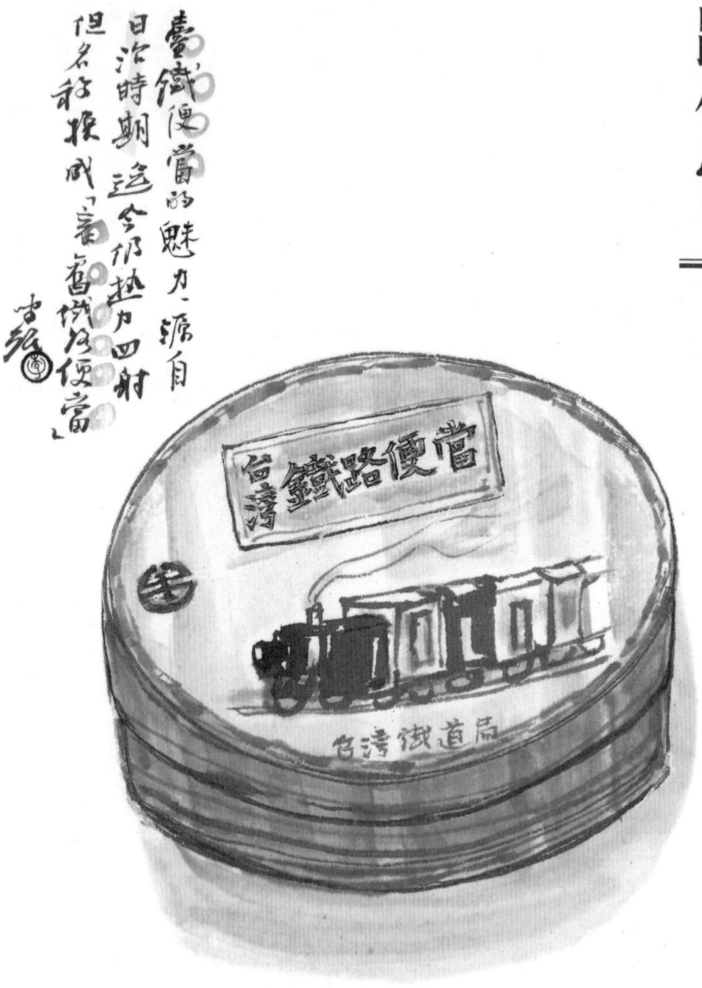
臺鐵便當的魅力，源自
日治時期 迄今仍熱力四射
但名稱換成「台鐵便當」
台灣鐵路便當
台灣鐵道局

臺灣的鐵路便當源自日治時期。在鐵路尚未電氣化的從前，火車上買便當吃，特別有旅行感。飛機艙太幽閉了，飛機餐多不是食物，往往比較像飼料；往往感覺自己像貨物，從這個城市快速被運送到另一個城市。

那是交通不發達的年代，火車站像現代陽關，是擁抱、流淚、揮手道別的場所。火車象徵著長途旅行，慢車、平快車、光華號、觀光號、莒光號、自強號，駛入臺灣人的集體記憶；那時候，車廂和月臺上都賣便當，包裝便當的材質從木片、鋁、不鏽鋼、保麗龍，再回到木片盒。菜色大抵是滷排骨或雞腿、滷蛋、滷豆乾、滷海帶加漬蘿蔔。在經濟較為困頓的年代，火車上買排骨便當吃略顯奢華；如今已是節儉的盤算，形成很多人的排骨飯鄉愁。

為了重現當年的口味，臺鐵在千禧年推出傳統風味的排骨菜飯便當，裡面有排骨、滷蛋、醬瓜、酸菜，及用青江菜、油蔥、香油、蝦米、白菜煮成的菜飯，包裝以不鏽鋼圓形飯盒，外加一副鋁筷、手提袋，立號「臺灣鐵路懷舊便當」，每個售價三百元，剛推出時供不應求。

臺灣的鐵道迷很多。不僅鐵路局販賣懷舊，民間亦然。二〇〇三年起，出現鐵路便當連瑣店，將懷舊主題速食化、標準化。職棒明星投手「金臂人」黃平洋退休後，也賣起便當，叫「黃平洋鐵路便當」，已經有多家加盟店。

在後現代景觀中，充斥著對當下的懷舊，明明是不久以前的事物，卻嚴重地懷念起來。然則沒有人需要一天到晚懷舊。

日本的「駅弁」加進了地方文化和歷史背景，鐵道每一站都賣不一樣的便當，諸如函館「鯡魚肉便當」、森「花枝飯」、長萬部「螃蟹飯」、小樽「母戀飯」、松阪「松阪牛菲力便當」、宇治山田「鮑魚便當」、京都「鰻魚的床」、豐岡「螃蟹壽司」……我在日本搭乘火車，每停靠一站就下車買便當，害自己總是吃太飽。

臺灣的鐵路便當有極大的發展空間，和想像空間。如果臺灣各地的火車站月臺都恢復賣便當，也都能表現地方特產，會是多麼迷人的鐵道風景。

諸如火車停靠基隆，月臺上的便當是白湯豬腳、天婦羅，或是炭烤三明治，還附贈一塊「李鵠鳳梨酥」。車到臺北，便當內容可以是「富霸王」滷肉飯、傻瓜乾麵、「呷二嘴」的筒仔米糕、大腸包小腸、牛肉麵、淡水阿給；若是傳統便當，主菜不妨換成「賣麵炎仔」的白斬雞，或「阿華」的鯊魚煙。車到桃園，月臺上有「百年油飯」、菜包，便當菜色已換成鵝肉，或滇緬料理如米干、大薄片。車到新竹，月臺上買得到城隍廟口的潤餅，也有炒米粉加貢丸，附贈竹塹餅或水蒸蛋糕。車到苗栗，月臺上全是客家口味，福菜、梅乾菜、封肉、客家小炒。車到臺中，便當難道不能附贈太陽餅、綠豆椪或鳳梨酥？車到彰化，供應的是焢肉飯、肉圓、肉包、羊肉，蝦猴、蚵仔、烏魚子、土雞蛋也都可以參與演出。車到嘉義，火雞肉飯出場。車到臺南，「再發號」的燒肉粽在月臺上播香，也吃得到蝦仁飯、蝦捲飯。車到高雄，供應有烤黑輪、黑旗魚丸、各式海鮮，以及木瓜牛奶。車到屏東，便當裡的主菜是萬巒豬腳。火車駛經南迴鐵路，看到中央山脈見到太平洋，來到臺東站，便當裡的池上米飯，搭配精心烹製的白旗魚。停靠花蓮，便當的主菜可以是曼波魚、馬告雞。車到宜蘭，便當裡的白飯是用合鴨米煮成，亦無妨換成了蔥油餅；主菜可以是天籟鴨，搭配鴨賞、糕渣……

俟營運成熟，再定期舉辦各站的便當比賽。這幾年臺灣的公部門、學界多侈言文化創意，最缺乏的也是創意；缺乏創意不要緊，能察納雅言還有救。

我覺得臺鐵應該改變經營策略，非但不要跟高鐵、捷運比快，反而要跟它們比慢，經營一種火車慢駛的藝術。

不過，慢要有慢的條件和質感。我想像每天會有一列慢車出發，不以交通運輸為目的，車廂改造成優雅的餐廳，供應美食、美酒和佳茗，形同一列移動中的好餐廳，穿行在美麗的山水之間。我們和我們親愛的家人或朋友，出門短期旅行的路程，是徜徉在移動餐廳中享受美酒佳餚，聊天，看移動中的風景，品茗。

白斬雞

臺灣白土雞
味覺

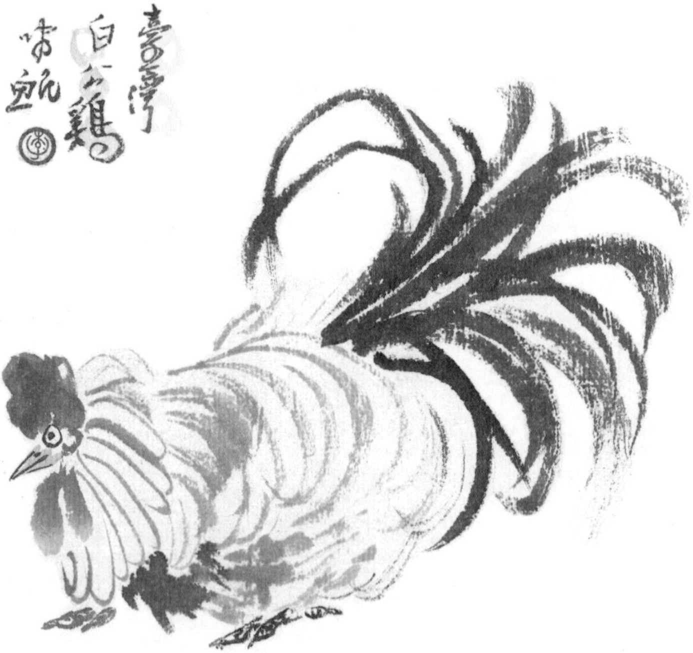

白斬雞又稱「白切雞」，是雞隻整治乾淨後，或煮或蒸或浸至熟，過程中不添加香料，意在彰顯雞肉的自然鮮味。白斬雞應是源自清代民間酒店的「白片雞」，《調鼎集》中有記載，名稱緣於不加調味白煮而成，工序省便。由於不同於燒、燻、烤、滷、糟、醬、焗……各種烹法之強調入味，重在挽留雞肉的原汁原味，故更須慎選材料。

在閩西，這是年節喜慶常見的主菜，最出名的是「汀州白斬河田雞」，汀州河田雞是中國名雞，唐代以降被選為鬥雞；除了善鬥，河田雞主要還是以美味享譽四方。這道白斬雞向來被列為閩西客家菜之首，成品金黃油亮，香、嫩、滑、脆而易去骨，尤其雞頭、雞爪、雞翅更是下酒佳餚，民間有「一個雞頭七杯酒，一對雞爪喝一壺」之說。

閩西客家人認為雞象徵吉祥，寧化一帶的習俗：婚禮由雞帶路，一隻公雞和一隻母雞走在迎親隊伍的前面，母雞還快下蛋之準雞媽，最好一到男家就下蛋，取早生貴子的寓意；此外，迎親都在夜晚，雞行夜路如同白晝，由雞帶路，可以避邪。

河田雞產於長汀縣河田鎮，是青山秀水、無污染的自然環境，以稻穀，米糠和瓜菜薯類為飼料。雞體豐滿，肉質柔嫩，皮薄骨細，口感香鮮嫩滑，允為禽中珍品。此雞最明顯的外貌特徵是公雞有「三黃三黑三叉冠」，三黃指雞的嘴、羽毛、腳都是黃色的；

三黑乃雞的頸部有一圈黑毛，兩翅尖各有三至五片半黑扁毛，尾端有七至九片黑綠色毛彎翹在後；三叉冠則是雞冠頂端呈三叉形，單冠直立後有明顯的雙叉。母雞則體圓腳較短，全身毛色淡黃，頸毛帶有黑色斑點，翅尖和尾端的毛稍大而短，雞冠鮮紅。

白斬雞最要緊的關鍵還是食材，不惟和田雞，海南文昌雞亦聞名天下；臺灣也非無名雞，如珍珠雞、烏骨雞等等。總括文昌雞的外型為「三小兩短」：頭小、頸小、腳小，頸短、腳短。宰殺前三十天的育肥期，用花生餅、椰子餅、椰絲、大米飯混合餵養，此雞皮脆薄、骨軟細，肉質嫩滑。我曾在海口「瓊菜王美食村」大啖文昌雞，允為平生快事。

袁枚《隨園食單》：「肥雞白片，自是太羹、玄酒之味，尤宜於下鄉村、入旅店，烹飪不及之時，最為省便。煮時水不可多。」太羹即大羹，指不加五味的肉汁；玄酒是潔淨的水。雞胸肉纖維較長，容易顯老，袁枚說煮的時候水不能放多，無非希望挽留肉汁。更要緊的是火候，務必掌握雞片之嫩度；不能久煮，久煮必柴。白片雞若蘸臺灣「螺王」醬油膏甚佳；或佐以蒜蓉、辣椒碎醬油；起鍋後雞身抹米酒、用鹽巴拍打亦可。

白斬雞工序雖則簡省，有些小地方仍需注意：冷卻後才能動刀切塊，否則雞肉碎裂矣。此外，雞肉不可先冰凍，冰凍過的雞肉在烹製時會出水，嚴重影響品質；切塊烹飪前最好先去骨，因為一般雞販在宰雞放血時多放不乾淨，殘留在雞骨裡的血，會使雞肉充滿腥味。

廚事之體現，總是一絲不苟的創作態度，優秀的白斬雞不僅講究品種，烹煮的程序也有幾分堅持，諸如宰殺時放血、雞毛必須拔除須乾淨，煮、燜的時間拿捏等等。我煮白斬雞例用大鍋，水要求能淹過雞隻三分之一以上，火候之控制要有耐心，成品才會皮膚光滑、肉質細嫩：水極滾時才下雞，約二三十滾即熄火；蓋過此候便老，只好煮到爛，任雞味全入湯中。要領是待鍋內水降溫，再開火加熱，如此這般半煮半浸幾次，桑拿浴般，方能維持青春肉體。

張大千曾品評譚家菜的白切油雞，讚為中國美食中的極品；唐魯孫吃過後認為簡直是神品。譚篆青家的白切雞從養雞開始講究：選用腿上有毛的小油雞來養育，慎調飼料如酒糟、草蟲；雞齡則需十六個月至十八個月之間才算適齡，此時雞的胸頸間有一塊人字骨，摸起來柔軟具彈性，肉質鮮美活嫩。

白斬雞在臺菜中座標顯著，尤以客家人善治。我大二時到女朋友家作客，家族中的長孫女初次帶男友回家，在保守的客家村是大事，叔伯姨姑全員到齊，席開三桌。面對那麼美味的白斬雞，我不發一語，低頭用力吃，竟沒注意所有的人早已吃飽，禮貌性地坐在桌前陪著，他們看我桌上堆積可觀的骨頭，且一時片刻毫無停止的跡象。

「你慢慢吃，我們先去客廳坐。」主人終於忍無可忍，留我一人繼續在餐桌前奮鬥。

後來，後來太太忍了很多年，知道不致傷害我的自尊心才說，那天我獨自留在餐桌前吃白斬雞，她妹妹驚呼：「你男朋友怎那麼會吃？還好我們家是種田的！」

臺灣較優質的客家餐館都能烹出好白斬雞，諸如龍潭「三洽水鄉村餐廳」的「鄉下土雞」雞肉結實甘美。苗栗三灣「巴巴坑道」、南庄「飯盆頭」的白斬雞鮮甜，彈牙，可以想見是一天到晚健康亂跑的土雞。埔里「亞卓鄉土客家菜」也令人吮指讚美。

我在臺北特別服膺「永寶餐廳」和「野山土雞園」，這兩家餐館的作品總令人猜測：這些鄉村土雞好像每天上健身房。可惜永寶已歇業。幸虧烏來「翠山飲食店」也值得稱許。石碇老街「福寶飲食店」、「美美飲食店」毗鄰，兩家的豆腐和白斬雞都美。雪山隧道開通後，臺北人驅車去宜蘭「黑雞發擔擔麵」吃白斬雞方便許多。

華人無論清明祭祖，或除夕夜的餐桌上，罕無此物。可以說，有華人處就有白斬雞。如香港大埔伍仔記「蜑家雞」，用蝦乾、干貝等多種海味製成的白滷浸漬白斬雞。

那是一個值得懷念的夏天，白先勇和我結束新加坡的國際作家節活動，應邀飛往吉隆坡演講，短暫的幾天吃了不少白斬雞，如馬六甲河畔「中華茶室」，和新加坡「津津餐室」、「五星海南雞飯」。

成功的白斬雞總是細皮嫩肉，帶著清新脫俗之美，宛如青春的禮讚。雞不能養得太老，老則肉柴，只適吊湯，不宜作白斬雞。所有雞餚中最能保持雞的鮮美原味者，莫非白斬雞。

最頂級的食物，莫非食材本身，美好的食材會喚起吾人的記憶和情感。白斬雞表現為原味美學，連接了土地、記憶和情感，表現出一種不折不扣的食物原味；在名雞面前，任何烹飪技巧都必須謙遜。

黑雞發擔擔麵
地址：宜蘭縣冬山鄉廣興路321號
電話：03-9510066
營業時間：10:00-21:00

福寶飲食店
地址：新北市石碇區石碇東街75號
電話：02-26631529
營業時間：11:00-19:00，週一店休

美美飲食店
地址：新北市石碇區石碇東街71號
電話：02-26631986, 0935-178313
營業時間： 11:00起，詳洽店家

野山土雞園
地址：臺北市文山區老泉街26巷9號
電話：02-2937-9437, 22173998, 0928-246281
營業時間：周一至周五16:00-22:00，
國定例假日11:00-23:00

明福餐廳
地址：臺北市中山區中山北路二段137巷18號之1
電話：02-25629287
營業時間：12:00-14:30, 17:30-21:00

茂園餐廳
地址：臺北市中山區長安東路二段185號
電話：02-27528587
營業時間：11:00-14:00, 17:00-22:00

基隆廟口
麻油鷄
三杯鷄
白斬鷄

麻油雞

雞起起家

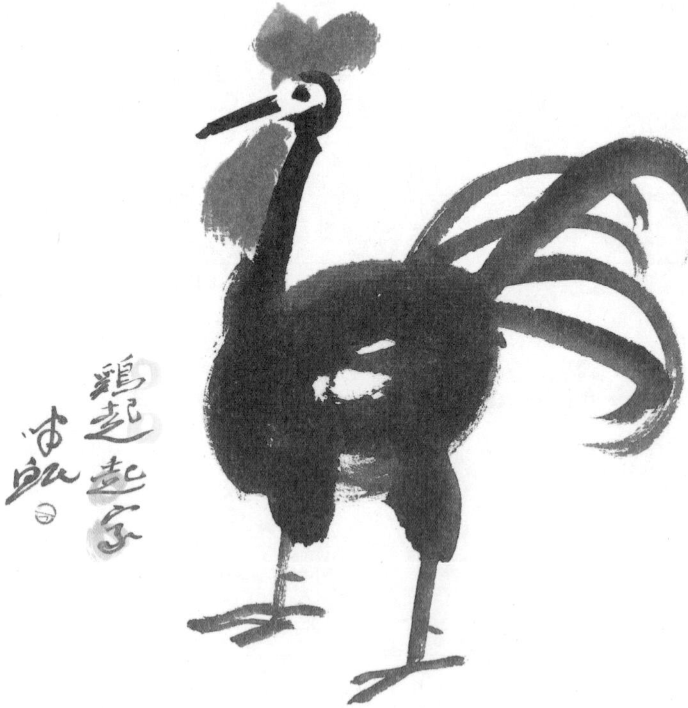

麻油雞，準確的說法是麻油燒酒雞，美味的關鍵在三種主要材料：麻油、米酒、雞肉，缺一不可；麻油尤其是靈魂。烹煮麻油雞都先用麻油爆香老薑，爆到乾皺才拌炒雞肉。

麻油即胡麻油，乃臺灣農村的特殊產品。麻油與老薑是奇異的組合，兩者互相發明，能立刻爆發雀躍的氣味，洶湧襲鼻。

麻油雞風行於臺北，麻油卻以臺南為尊。好麻油有一種難以抗拒的氣味，誘引我們的感官。我品嚐過最佳的麻油是阿姨所饋贈，她自己買黑胡麻，親自監工，委請臺南大內鄉的榨油師傅焙炒，炊煮，壓榨，這種傳統榨油法所得的麻油最香。榨油技藝端賴師傅經驗，胡麻焙炒過熟，所榨出的油偏黑，略帶苦味；反之，火候不足則香味寡矣。

胡麻即芝麻，晉．葛洪《抱朴子．仙藥》載：「餌服之不老，耐風濕補衰老」，麻油自古即帶著食療精神，臺灣人咸信它有溫補作用，乃冬令進補聖品。

米酒以臺灣菸酒公司的紅標米酒最佳，我用過許多農村私釀的米酒，大抵酒精濃度高，味道皆不如菸酒公司的「米酒頭仔」純良。紅標米酒大幅漲價那幾年，賣麻油雞的、賣薑母鴨的、賣羊肉爐的不免都減少米酒用量，或以其它米酒取代，簡直造成了臺灣社會的災難。

紅標米酒瓶身以粉紅、深紅雙色套印，有稻穗圖案，儼然形成一種美食的圖騰。此酒風味甘純，是獨特的料理酒，臺灣家庭廚房的標準配備，它支撐起臺菜的基本味道，形成臺菜中的米酒文化，舉凡煎煮炒炸，非它莫辦。臺北市武昌街「雪王冰淇淋」甚至推出麻油雞冰淇淋，此物之魅力，可見一斑。有人用生啤酒煮麻油雞，那是不理解麻油雞本質，蓋啤酒最多僅能散發出麥香，烹煮後已了無酒香。

焦妻常告誡我：吃果子要拜樹頭。她生第二胎時，為了感謝她生了兩個親愛的女兒，我親自幫她坐月子，每天煮麻油雞：老薑不刨皮，用菜瓜布刷乾淨，切片爆香；再略炒汆燙過的雞腿肉，不加鹽，並以米酒代替水燉煮，直到酒精揮發。直到今天，我暇時仍會煮麻油雞飯孝敬家人，工序跟麻油雞一樣，只是將米泡在麻油雞湯裡煮熟。

有了麻油雞，令坐月子的女人更美麗。幾乎所有的臺灣人出生時都跟著媽媽坐月子，通過母奶，吮飲人生最初的酒香；那酒香，是媽媽的味道，也是臺灣故鄉的味道。

坐月子吃的麻油雞，若加入當歸、紅棗、枸杞、黃耆等補血益氣的中藥材更佳。臺北市吉林路「菊林麻油雞」就添加十幾種中藥材，熬煮出的雞高湯相當迷人；可惜店家大力推薦的「麻油雞絲飯」雞肉太柴又乏香，不如一般的嘉義火雞肉飯。

麻油雞的雞肉必須能挽留細緻的質地，和滑嫩而彈牙的口感；湯味須濃郁而清甜。「景美曾家麻油雞」選用肉質較結實的仿仔雞，麻油香完全滲入肌理，並有效煮掉酒精，保留米酒的甘甜；它的油飯亦好吃，香軟，不顯得油膩。有人煮麻油雞習慣加入糖、胡椒粉調味，我對這種烹飪蛇足，期期以為不可，麻油雞完整而自足，實不宜胡亂用其它調味料干擾。

薑母鴨亦是臺灣人補冬的風味小吃，兩者卻頗有不同：薑母鴨的吃法像火鍋，整鍋上桌，下置爐火續煮，食用過程會一直添湯續料；而坊間的麻油雞都論碗賣，斷無邊吃邊煮的現象。

臺北稍具規模的夜市，如果缺少麻油雞攤位，恐怕是很值得自卑的事，諸如士林夜市「萬林」、晴光夜市「金佳美食麻油雞」、松山夜市「施家麻油雞」、寧夏夜市「環記麻油雞」、遼寧街夜市「(金佳）阿圖麻油雞麵線」、南機場夜市「阿男麻油雞」、華西街夜市「好吃麻油雞」、景美夜市「曾家麻油雞」、板橋南雅夜市「王」記麻油雞……

我最常吃的麻油雞是木柵路三段「順園美食」，狹仄的店面接近路邊攤格局，我居住木柵時吃了十幾年，卻還不知道老闆尊姓，他煮的麻油雞實在香，瓜仔肉飯也惹人饞涎。

麻油雞有一種親情特質，一入口即覺得溫暖；外面的世界再怎麼寒冷，一碗即解親情之美，一碗就撫慰身心。

順園美食

地址：臺北市文山區木柵路三段1號
電話：02-22349063
營業時間：11:30-23:00

景美曾家麻油雞

地址：臺北市文山區景美街15號前
電話：0958-400880
營業時間：16:00-01:00

（金佳）阿圖麻油雞麵線

地址：臺北市中山區林森北路552-2號
電話：02-25977811
營業時間：週一至週六 11:00~24:00，
週日 11:00~21:00

菊林麻油雞

地址：臺北市中山區吉林路385號
電話：02-25979566
營業時間：週一至週六11:30-23:00

三杯雞

「三杯」的意思是烹製需醬油、麻油、米酒各一杯調味。為追求口味，實際操作可改變比例，臺灣名廚阿基師的作法是八匙米酒、四匙醬油、二匙糖，和少許麻油。三杯雞基本上不放鹽，鹽會讓蛋白質略微變硬。

此菜味濃下飯，作法很簡單，只要調味料的比例準確，先加熱空燒砂鍋；另起鍋用香油煸薑片，接著爆香蔥、大蒜、辣椒，再翻炒汆燙過的雞塊，待雞肉變色即可添加醬油、糖拌炒，倒入些許米酒和高湯，加上鍋蓋燜熟，令皮下脂肪分解，和麻油一起帶出香味；其間得掀開鍋蓋加以翻炒，令雞肉充分而均勻地吸收調味料，最後將燜煮好的雞肉倒入已加熱的砂鍋中，加入麻油、九層塔稍微翻炒即成。

糖色和醬色決定成品的色澤，因此可用麥芽糖取代沙糖。作法雖不難，仍有一些細節需要講究：如蒜頭勿切片，以免糊掉；麻油不要一開始就下鍋燒熱；此外，不宜加水。

優秀的三杯雞香氣撲鼻，口感爽滑，醇厚，雞塊的色澤金黃，肉質鮮嫩、飽含彈勁，鍋底乾爽。劣廚往往將雞肉烹得乾澀，或外表燒成炭黑。主材料自然以土雞為上選，我在家烹製則選用雞腿。

九層塔是這道菜臨門一腳的調味料，也是三杯雞的臺灣風味。這種香草屬薄荷家族，原產於印度，我的外食經驗是在臺菜和越南餐館最常吃到。九層塔又叫「羅勒」（Basil），香氣彷彿介於檸檬葉、薄荷葉、丁香之間，又完全不同。臺灣人很有趣，在三杯雞的鍋子裡都叫它九層塔；當它出現在義大利麵裡，輒被喚成羅勒。

然則吾友亮軒對九層塔有嚴重的指控：一般人作三杯雞都用九層塔，九層塔是說謊的菜，可以遮蓋不新鮮的肉類腥味：三杯雞如果用九層塔，在味覺上就是喧賓奪主。他強調自己燒三杯雞是用蒜瓣取代九層塔。其實兩者並不抵觸，皆可同治於一鍋。九層塔之味雖猛，卻是三杯雞不可或缺的提香物；何況此餚本來就是重口味，所用的麻油、薑、大蒜、辣椒無一不烈，何獨怪罪於斯？

我反而覺得三杯雞的濃烈，需要九層塔的清香來修飾。三杯之運用廣矣，而且葷素皆宜，諸如「三杯血糕」、「三杯魚」、「三杯中卷」、「三杯兔」、「三杯杏鮑菇」、「三杯豆腐」及「三杯素腸」等等。

三杯雞是一道經典的贛菜，源自江西寧都或萬載，製作數百年來，已風行於社會各階層，撫慰了無數販夫走卒、商旅行腳、達官顯貴的胃腸。

這道雞餚附會著多種傳說，一說文天祥被打入死牢後，一位江西老太太為表達對丞相的崇敬，潛入獄中探監，和同鄉的獄卒以瓦缽用牢中酒燒製了一隻雞；兩人顧慮寒氣逼人，另取一扁盤，盤中點燃了酒，瓦缽上面再加杯蓋保溫，雙手捧雞缽跪倒，獻到文天祥面前。文天祥面對雞缽，感慨系之，形「三杯」，意「三悲」：一悲豺狼當道，二悲有心不能救國，三悲南宋江山危在旦夕。後來獄卒和老太太返鄉修了一間文公廟，每逢文天祥祭日，都用三杯雞祭奠。

二說贛南有魏姓父女，以燒甕缽營生；後來父親病故，按當地風俗，大年夜需用雞、魚、豬三牲祭奠長輩。孝女家貧，宰殺整治僅有的母雞，再將同祭奠的雞和一杯醬油、一杯食油、一杯米酒入甕煨製年餚，遂而流傳演變成三杯雞。

三說萬載縣農村，有貧家姊弟二人相依為命，適逢大旱，弟弟決定出外謀生前夕，姊姊殺了家中唯一的嫩母雞，剁塊，連同洗淨的內臟放進砂缽，再把僅剩一杯量的食油、醬油及酒倒進鍋內一同燜燒，準備為弟弟餞行。約過了一個時辰，香氣四溢，驚動了鄰居一位官府的廚師。後經這位廚師改進烹製法，大受歡迎，三杯雞之名大噪。

有時候一些傳聞掌故可茶餘飯後閒聊，過度演義則不妥。歸納起來，贛式烹法用甜酒釀、豬油、醬油煨製。臺式三杯雞作法則如前述，已異於江西傳統，主要是捨酒釀而取米酒，並易豬油為麻油，再加入最關鍵的九層塔和蒜頭、薑、辣椒。

我曾經在電視上看過廚藝教學，居然教人家加了醬油還加蠔油、醬油膏，居然還有獃廚教觀眾下縴粉、用微波爐烹製。上帝保佑電視觀眾。

野山土雞園
地址：臺北市文山區老泉街26巷9號
電話：02-29379437
營業時間：週一至週五16:00-22:00，假日11:30-23:00

雞家莊（長春店）
地址：臺北市中山區長春路55號
電話：02-25815954
營業時間：11:00-22:00

蒙古烤肉

蒙古沒有「蒙古烤肉」，臺灣才有；正如福州並無「福州麵」，臺灣才有；四川也沒有「川味紅燒牛肉麵」，臺灣才有。那是臺灣餐飲業者所發明，是他們的創意和想像力。

這種烤肉其實不算烤，而是炒。師傅用特製長筷，在大鐵盤上爆炒各種肉品、蔬菜和十幾種佐料，白煙和香氣轟竄，眼看他的長筷快意橫掃，鐵盤上成熟的烤肉排隊般，準確無誤地落入盤中，姿態、技巧都有著武俠角色的身手。

臺灣的「蒙古烤肉」是相聲演員吳兆南所創，一甲子以前，吳兆南與幾個退休老兵在螢橋旁、同安街底，創立「烤肉香」，是臺灣蒙古烤肉的發源地。他手繪大烤盤，請工匠打造一個直徑約雙手張開長度的圓鐵盤，這項創舉濫觴了蒙古烤肉的烹具。此外，也多元化肉品、配料和醬料，牛、羊、雞、豬、鹿、羊肉閱兵般陳列在菜檯上，供食客自取；再自選蔬菜，淋上醬油、麻油、大蒜、辣椒、檸檬汁、鳳梨等十餘種配料，從此開啟了「蒙古烤肉」元年。

那是一九五一年。吳兆南接受訪談時追憶，蒙古烤肉的確是他的創作：起初在淡水河邊螢橋旁開茶棚，賣烤肉營生，本想立號「北京烤肉」，惟恐聽起來像匪諜；叫「北平」也不妥，乾脆起名「蒙古」，離北京愈遠愈安全。

當時臺灣猶處於風聲鶴唳的氛圍，不能公然想家；這一年，槍斃了好幾個「匪諜」；省府第一次宣布徵兵令；美國國防部派遣軍事顧問團開始在臺北辦公；這一年，水產試驗所大力推廣吳郭魚養殖；臺灣發生強烈地震……

剛開始，每種肉都賣三塊錢，論盤計價，結果沒人上門，乾脆改成一美元（約當時新臺幣三十四元）吃到飽，一舉打開臺北烤肉市場，也成為最早的一價吃到飽餐廳。

鼎盛時，達官顯要、外國使節多上門訪食，河堤旁停滿各式禮車，食客走過草地間的石階，月色下波光旁大啖烤肉；他們還養一隻狗叫「哈利」，負責叼著燈籠，領客人入席。後來第一飯店徐三老闆，請他移至飯店頂樓開業，那是當時全臺最高的大樓，高十層，由明星李麗華剪綵，一開張就紅火，深夜更有人盛裝打扮，搭電梯上樓看夜景，還成為觀光手冊上的臺北景點。

蒙古烤肉發端迄今，都是一價吃到飽的形式，極盛時期，臺北就有三十幾家蒙古烤肉店，現在僅剩個位數，知名老店如「唐宮蒙古烤肉餐廳」、「涮八方蒙古烤肉」、「成吉思汗蒙古烤肉」，仍是我愛去的地方。

蒙古烤肉和相聲在臺灣，幾乎是同步發展。螢橋除了賣蒙古烤肉，也是相聲的起點，當今元大集團總裁馬志玲的父親馬繼良開設螢橋樂園，起初演話劇，票房冷清，遂找吳兆南來說相聲；一個月後，吳兆南記憶中三十個段目全說完了，掛榜招賢，就有了陳逸安、魏龍豪加入；後來上廣播電臺，乃開啟「上臺一鞠躬」的相聲年代。

吳兆南的相聲藝術已形成五、六〇年代臺灣人的集體記憶，給肅殺的社會平添幽默感，用他的鄉音書寫臺灣相聲史。

臺灣餐飲業者的想像力還包括經營方式：蒙古烤肉總是結合了酸菜白肉火鍋，大概他們覺得蒙古和東北都很遙遠，一個位於北方，一個在東北，差不多啦，遂攪和在一起了。

「唐宮」三十多年來幾乎天天客滿，炳惠決定應聘聖地牙哥加州大學任教時，我們一起去唐宮吃蒙古烤肉、酸白菜火鍋，搭配每天現揉烘烤的獨門燒餅，痛飲金門高粱酒；我喜歡餐廳裡人聲比火鍋更鼎沸，掩飾了一些離愁。長女珊珊留學倫敦前，我們也曾在「涮八方」吃蒙古烤肉、酸菜白肉火鍋。為什麼人生有那麼多離別？

蒙古烤肉是一種熱騰騰的隱喻，是臺灣外省族群的味覺家園（home），是一個北京人在異鄉的烤肉想像，創造出子虛烏有的家園烤肉，裡面是離散（diaspora）故事。他所創造的蒙古烤肉，並非真實的北京烤肉，而是拼湊記憶之後，炮製出一種象徵的、重建的意義烤肉，一種詩性想像，呈現時間錯疊的家園滋味。

吳兆南是北京人，一九四九年來臺，一九五二年起以相聲為專職，一九七三年移民美國。個人漂泊總糾結著民族苦難，我感受到反遺忘的意志，和文化臍帶斷血後的焦慮，通過食物的烹製，補強塌陷的文化地基，重建文化家園。烤肉如此，相聲亦然。在母語失聲的時空中，用味蕾和鄉音撫慰個人的孤獨與蒼涼。

唐宮蒙古烤肉餐廳

地址：臺北市中山區松江路283號2樓

電話：02-25051029

營業時間：11:30-14:00, 17:30-21:30

涮八方蒙古烤肉

地址：臺北市大安區安和路二段209巷6號

電話：02-27333077

營業時間：12:00-14:00, 17:30-23:00

成吉思汗蒙古烤肉

地址：臺北市中山區南京東路一段120號

電話：02-25373655, 0922-333680, 0922-497376

營業時間：11:30-15:30, 17:30-22:00

餐桌上的
擺設像一幅
美好時代的風景

福州麵

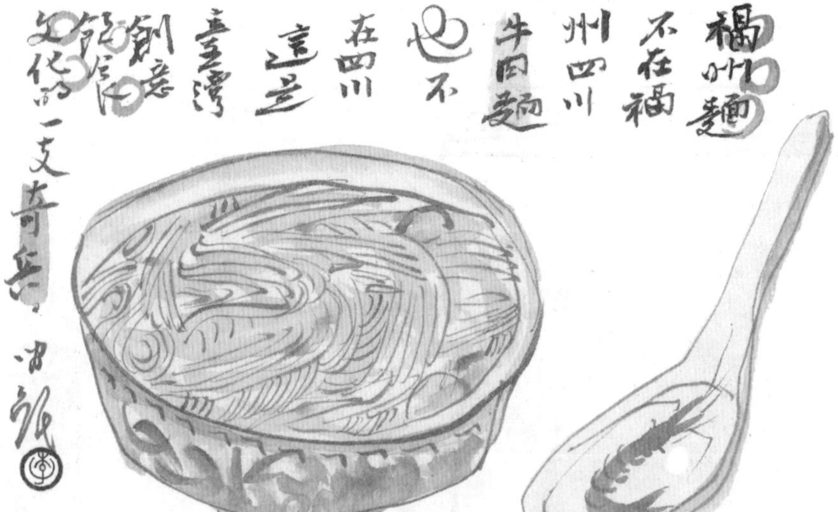
福州麵
不在福
州四川
牛肉麵
也不
在四川
這是
臺灣
創意
餐館
文化的一支大奇兵

福州麵使用白細麵，現在稱陽春麵；陽春麵傳自江南，取陽春白雪之意，即所謂的光麵。福州麵分湯麵、乾拌麵兩種，湯麵中有水煮荷包蛋、福州魚丸、貢丸各一；乾拌麵的標準配湯亦是水煮荷包蛋、福州魚丸、貢丸各一。

這是臺灣的風味小吃，福州並無此味；我數次在福州街頭尋覓，全無相似的麵食。那是一種在地融合的移民食物，一種鄉愁的想像食物，其發展應是一九五〇年代，跟隨國民政府來臺的老兵退伍後，在臺北小南門附近擺起麵攤營生，因是福州人，麵湯中又有福州魚丸，遂立號福州麵。

相對於閩南移民，當年從唐山過臺灣的福州人較少；然則福州的三把刀：裁縫的剪刀、理髮的剃刀、廚師的菜刀影響了臺灣社會生活。歷史的偶然，使乾拌麵融合了魚丸湯，融於人民的日常生活之中。

逯耀東教授還是窮學生時，有一天身上剩下五毛錢，搭公車到小南門，找正在醫院實習的女朋友救濟：「今天是我生日，妳得請我吃碗麵。」他們就在醫院門口的麵攤吃麵：

那個小麵攤開在小南門旁的榕樹下，依偎著榕樹搭建的違章建築，是對福州夫婦開的，賣的是乾拌麵和福州魚丸湯。雖然這小麵攤不起眼，日後流行的福州傻瓜乾拌麵便源於此。但福州傻瓜麵和這小攤子的乾拌麵相較，是不可以道里計的。福州乾拌麵的好與否，就在麵出鍋時的一甩，將麵湯甩盡，然後以豬油蔥花蝦油拌之，臨上桌時滴烏醋數滴，然後和拌之，麵條互不黏連，條條入味，軟硬恰到好處，入口爽滑香膩，且有蝦油鮮味，烏醋更能提味。現在的傻瓜麵採現代化經營，雖然麵也是臨吃下鍋，鍋內的湯混濁如漿，鍋旁的麵碗堆得像金字塔，麵出鍋那裡還有工夫一甩，我在灶上看過，也在堂裡吃過，真的是恨不見替人了。

逯耀東餓壞了，那天連吃了三碗麵才抬起頭看著女友，說「大概可以了」。一麵之恩，她後來成了逯師母，兩人相依相伴數十載。以上引文旁證了福州麵的濫觴和美學精神，也是最早的福州麵文獻。此麵的外在形象雖簡單，卻馬虎不得，麵出鍋一甩，意在甩盡湯水，令麵條保留彈性和清爽，也不致稀釋醬汁。此外，麵湯或魚丸湯也有講究。

不唯福州麵，任何麵湯都應老老實實用大骨熬製，我欣賞臺北市南機場社區「福州伯古早味福州麵」完全不使用味精。點食乾拌麵，店家會附一碗湯，我習慣連扒幾大口麵條，再一口熱呼呼的麵，一口水嫩荷包蛋。蛋黃最美的時候是流質狀態時，邂逅了熱氣騰騰的麵，恰似青春年華時邂逅了戀人。

福州乾拌麵在臺灣又稱傻瓜乾麵。據說是這種麵過於簡單又缺少裝飾，有人遂戲稱愛吃這種麵的人就像傻瓜，故名傻瓜乾麵。另有一說：早期顧客叫老闆「煠些乾麵」來吃，「煠」音扎，食物入滾湯或沸油裡煮熟，如北魏・賈思勰《齊民要術・素食》：「當時隨食者取，即湯煠去腥氣」；蘇軾〈十二時中偈〉：「百衮油鐺裡，恣把心肝煠」。由於閩南語「煠些」和普通話「傻瓜」諧音，久而久之，這種乾麵就叫傻瓜乾麵。

傻瓜乾拌麵需自行酌增調味料，店家會提供烏醋、辣渣、辣油、辣醬在桌上任憑取用。辣醬或辣油以自製為佳，我嗜辣，數十年來不曾經驗差堪入口的工廠辣醬，那些大量生產的罐頭辣醬除了紅顏色和死鹹，了無辣度和香味。吾人面對陌生的麵店，只要看一眼它的辣醬即知其斤兩。

此麵是狂餓時的食物，不夠飢餓大約不會選擇乾拌麵吃，從前發育中的建中學生就常翻牆出去吃「林家乾麵」。麵條煮熟後，僅加上蔥花及豬油、蝦油，麵上可能會擱些葉菜，不另加其它澆頭或調味料，上桌後食客再依喜好隨意添加烏醋、辣油、辣渣。

福州麵表現為樸素美學，所謂「樸素而天下莫能與之爭美」，樸素美是一種單純的美感，摒除一切多餘的東西，它讓累贅和囉嗦顯得庸俗。福州麵的樸素是一種自然美，帶著謙遜、低調的性格，潛沈中似乎有幾分孤獨感，又彷彿透露出淡薄人事而親近自然的感悟。

小南門福州傻瓜乾麵
地址：臺北市大安區杭州南路二段7號
電話：02-23944800
營業時間：06:00-23:00

福州伯古早味福州麵
地址：臺北市萬華區中華路二段370巷口
電話：02-23018651
營業時間：06:30-14:30

福州乾拌麵
地址：臺北市大安區羅斯福路二段35巷11號
電話：02-23419425
營業時間：11:00-14:30, 17:00-21:00

清粥小菜

從前窮人家盤餐不繼常以粥代飯，粥是貧寒的象徵。七〇年代以前，生活艱難的臺灣家庭即番薯籤煮稀飯，代替乾飯作為主食。乾隆年間敦誠訪視貧居北京西郊的曹雪芹，回去作了一首詩，其中兩句：「滿徑蓬蒿老不華，舉家食粥酒常賒」，即藉粥描述曹雪芹當時的寒傖窘迫。

然則《紅樓夢》裡的粥未必是貧窮的符碼，如寶玉喝碧粳粥、內眷們深夜吃的鴨子肉粥、林黛玉和王熙鳳喝的燕窩粥、賈母吃的紅稻米粥……

臺北市復興南路、瑞安街口附近，曾聚集了許多清粥小菜專賣店，蔚為稀飯街。在稀飯街，每間店都遠比路邊攤衛生、美味，每間店都相似，從經營型態到菜餚，差異甚微。

清粥小菜在臺北高度發展，大約是八〇年代末、九〇年代初期，大家陶醉於「臺灣錢淹腳目」。臺幣升值，游資充裕，我們好像忽然間狂飆了起來，飆政治、飆車、飆股票、飆大家樂。口袋飽滿時不免晝短苦夜長，夜間娛樂興旺後，宵夜的需求乃應運發達，很多人飲酒作樂後來到稀飯街「續攤」，信義路、和平東路之間的復興南路遂車水馬龍，燈光燦爛。可惜好景不常，這一帶的燈光轉眼間黯澹了，整個臺北的燈光都黯澹了；北京、上海的燈光璀燦了。

我很愛來稀飯街晚餐，那地瓜粥稠度剛好，裡面黃澄澄的地瓜煮得鬆軟甘美。像「一流」也是我歡喜的店家，他們送上菜時，皆放在小鍋內燒酒精加熱、保溫，有體貼感。

清粥小菜多呈現一種清淡感，店家總是標榜少油少鹽少味精，有些還標示熱量分級。上次「世界華文媒體集團」總編輯蕭依釗來臺，我們接了機即帶她到「小李子」晚餐，依釗清心寡欲，幾乎不曾聽她談吃食，卻贊美臺北的清粥小菜。

清粥小菜以臺菜為主，也漸漸參加了一些外幫菜，水產是少不了的，像蔭豉蚵仔、清蒸魚、煎魚、炸魚、魩仔魚花生、米醬蛤肉，常見的菜色還包括各種蛋類如菜脯蛋、九層塔蛋、鹹鴨蛋、皮蛋，熱炒時蔬如高麗菜、苦瓜、茄子，和各式滷味、醬菜、冷盤，以及川味的麻辣臭豆腐、鴨血、牛腩和宮保雞丁等等。

星級飯店的臺菜餐廳，亦可點食一鍋地瓜稀飯，搭配各式菜餚。由於這種高檔飯店的後勤規模龐大，品質較稀飯街精緻，食材較優質，收費自然也不同。

中央大學賴澤涵教授很喜歡在兄弟飯店「蘭花廳」宴客，他擔任文學院院長時，最英明之處是，多次讓《人文學報》在這裡開編輯會議。開會理應如此，飽嚐佳餚思想才能活絡，品飲美酒眼睛才會發亮。直到現在，我還常思念蘭花廳的地瓜粥，和蒸魚、炸白鯧、煎虱目魚肚、九孔帶子、瓜仔肉。

跟感情一樣，也許天地間美好的事物要失去了才更珍惜。從前我常去喜來登飯店的臺菜餐廳「福園」，理所當然般，並不特別贊賞；後來它不見了，失落之餘，竟覺得它一年比一年厲害，那菜脯蛋上面敷一層薄薄的豆腐乳在記憶中日益美味。

熬粥時必須一次就將水分加足，邊煮邊加水會影響粥的美味，清代詩人李漁以釀酒為喻，告誡熬粥的過程不可胡亂添加水進去：「粥之既熟，水米成交，猶米之釀而為酒矣，慮其太厚而入之以水，非入水於粥，猶入水於酒也，水入而酒成糟粕，其味尚可咀乎？」粥煮熟時，鍋邊會凝結一層糊狀粥衣，米香甚濃，應把握熱呼呼的時機吃。

最不堪忍受的是用太白粉勾縴，再撒一把糖進鍋裡。不知從那個懶怠的劣廚開始的？粥從來都得老老實實用米熬煮，才會清甜甘爽，勾什麼縴？加什麼糖？日本無賴派作家坂口安吾（一九〇六～一九五五）愛吃，而且精通烹飪，他有一篇文章〈安吾精製雜煮粥〉談煮粥須先熬高湯，熬煮高湯需時三天：用雞骨、雞肉、馬鈴薯、胡蘿蔔、高麗菜和豆類煮三天，一直煮到蔬菜都化掉爛掉；加入米飯和鹽、胡椒調味，煮半個小時直到米粒黏稠，再加雞蛋。

現在還有清粥小菜店從晚餐賣到凌晨，似乎僅為過夜生活的人服務。真是奇怪，深夜不回家睡覺，吃什麼宵夜？不過，既然已經天亮了，建議店家暫勿打烊，續營早餐。吾人清晨出門覓食，常渴望吃點有意思的東西，清粥小菜很適合開啟一天的序幕。

兄弟飯店・蘭花廳（臺菜海鮮）

地址：臺北市松山區南京東路三段255號2F

電話：02-27123456 轉 蘭花廳

營業時間：11:00-15:00, 17:00-22:30

一流清粥小菜

地址：臺北市大安區復興南路二段106號

電話：02-27064528

營業時間：10:00-05:00

小李子清粥小菜

地址：臺北市大安區復興南路二段142-1號

電話：02-27092849

營業時間：17:00-06:00

酒家菜

酒家菜是特定時空下的一種混血菜，可謂臺菜結構中的重要基石。太平洋戰爭結束前後，物資缺乏，臺灣尚未有像樣的餐館，親朋好友來訪，若不想在家款待，多去酒家；酒家即是當時的高級餐館，菜色融合了閩南、廣東、日本料理，其中尤以福州菜為主調。酒家大量使用罐頭，或佐餐或調味；此外，也經常使用乾貨，如香菇、魷魚。常見的酒家宴席菜包括冷盤類的烏魚子、九孔、軟絲、生魚片、粉肝、燒鵝；熱炒類的桂花魚翅、油條炒雙脆；湯品則有魚翅羹、魷魚螺肉蒜、蛤仔鮑魚、冬菜鴨、魚丸湯、豬肚紅棗；此外，還常見紅蟳米糕、紅糟肉、雞捲、金錢蝦餅、排骨酥……

為了鼓勵顧客多喝酒，酒家菜多油炸品，前述排骨酥之外，紅糟三層肉、雞捲、蝦捲、爆魚、爆肉、炸白鯧、炸溪哥、鹽酥蝦、炸溪蝦都是。我愛吃的酒家菜包括「吟松閣」的魷魚螺肉蒜、麻油雞飯、白斬雞。「圓環流水席」的雞仔豬肚鱉、佛跳牆、通心鰻，「雞仔豬肚鱉」是套菜，將鱉塞進雞腹，再把雞塞進豬肚；「通心鰻」切段取骨後的鰻魚內塞入冬瓜、火腿、筍燉枸杞。每次我去「金蓬萊遵古臺菜餐廳」吃飯，必點排骨酥、香炸芋條。

既是較具規模的餐館，酒家遂成為社交場所，舉凡官場酬酢、生意商量、是非公斷，常以酒家作協調場所。一九六〇至七〇年代，臺灣的酒家文化最興盛，北投酒家林立，吸引了許多企業大亨、黑道大哥來飲酒作樂。酒家菜源自日治時期，那時多伴隨著人文風景，連橫曾贊美當時的酒家富於詩意：

前年稻江迎賽，江山樓主人囑裝一閣，為取小杜秦淮夜泊之詩。閣上以綢造一遠山，山正為江，一舟泊於柳下。舟中一人，紗帽藍衫，狀極瀟灑，即樊川也。其後立一奚奴，以手持槳。樓中有一麗人，自抱琵琶，且彈且唱。遠山之畔，以電燈飾月，光照水上，夜色宛然。而最巧者則樓額亦書「江山樓」三字，一見而知為酒家。是於詩意之中，又寓廣告之意，方不虛耗金錢。

酒家總是帶著濃厚的日本味。日據時期臺北最出名的酒家是江山樓，一九二一年吳江山獨資創立於大稻埕。一九二三年出版的《臺灣旅行案內》描述大稻埕是臺北新興的商業區，乃「米與茶葉交易的核心地帶，磚造的大型商店櫛比鱗次，充滿異國情調」；

一九三九年出版的《臺灣觀光の栞》也強調大稻埕的異國氛圍，是「具有特色的大市場，不消說魚鳥獸蔬菜類，草根木皮、雜貨店櫛比，飲食店散發美味奇特的香味，大大刺激食慾」。在日本人的眼中，當時的臺灣混合了漢民族和西洋文化，江山樓就帶著這種混血氛圍。

以建築外觀而言，江山樓足堪媲美總督府、博物館，吳瀛濤追憶：「其設備，於二、三樓各有七間精緻宴會廳，屋上四樓另闢有特別接待室一間，洋式澡堂十間、理髮室、屋頂庭園，尚有可容納五十至七十人的大理圓石桌座。四、五樓有展望臺，各樓的樓梯裝飾有美術玻璃鏡，一樓充作辦公廳、廚房、作業地等，使用人經常有五十名以上」。連横有詩歌贊：

如此江山亦足雄，眼前鯤鹿擁南東。
百年王氣消磨盡，一代人才侘傺空。
醉把酒杯看浩劫，獨攜詩卷對秋風。
登樓儘有無窮感，萬木蕭蕭落照中。

當時江山樓是臺北最頂級的餐館，亦是權力、情色、文化交織的場域，出入無白丁，多為殖民政府高官、商賈地主、墨客雅士；經理郭秋生即非等閒，他在一九三〇年代的鄉土文學論戰中，主張建立臺灣話文，也參與創辦《南音》文藝雜誌。

鄧雨賢的第一首創作歌曲〈大稻埕進行曲〉首段歌詞，也是以江山樓為場景：「春天深更，江山樓內，／絃仔彈奏的聲韻，鑽入心頭」，在繁華的酒家飲酒，聽二胡聲鑽入寂寞的心靈，倍覺清冷。這是早期的臺灣酒家，有美食，有情色，也有文化內涵。

江山樓之所以聲名遠播，一開始是接待一九二三年來臺的皇太子裕仁（後來的昭和天皇），當時擔任烹調者在一週前即須隔離，齋戒沐浴，食材則由總督府調進部精選；當天的菜色包括雪白官燕、金錢火雞、水晶鴿蛋、紅燒大翅、八寶焗蟳、雪白木耳、炸春餅、紅燒水魚、海參竹菇、如意煲魚、火腿冬瓜、八寶飯、杏仁茶。後來日本皇族來臺，都到江山樓用餐，從此鞏固其「皇室御用達」餐館的地位。橫路啟子教授在一篇論文中指出，酒家菜之形成，是臺灣人內化了殖民帝國的飲食觀，欲區別「支那料理」而出現。

江山樓所提供是臺灣第一代酒家菜。後來的「吟松閣」、「五月花」、「黑美人」堪稱第二代酒家菜代表，依然不乏鶯聲燕語，卻沒有了淺斟低唱的情調。那卡西（流し）取而代之。

那卡西是一種流動式的賣唱行業，通常兩人或三人為一組，源自日本。北投則是臺灣那卡西的發源地。幾十年來，臺北的餐飲飛速進步，從前盛極一時的福州餐館都已沒落。一九八〇年代之後，北投酒家漸沒落，卡拉OK又取代了那卡西走唱文化。

我大學畢業時結識一位雕塑家，他歡喜在北投酒家飲酒作樂，有幾次帶著我去開眼界；我確實也見識到人間煙花、文人歌伎的風情。在溫泉鄉，不免需那卡西助興，雕塑家總是雇請一對江湖走唱的夫妻，邊彈奏手風琴、吉他，邊唱歌、飲酒，歌聲常帶著悽楚。我一下子就被溫泉鄉風情迷住了，忽然覺得輕狂在綺羅堆裡的身體，彷彿有著柳永的幻影。

吟松閣

地址：臺北市北投區幽雅路21號

電話：02-28912063

營業時間：12:00-00:00

金蓬萊遵古臺菜餐廳

地址：臺北市士林區天母東路101號

電話：02-28711517, 28711158

營業時間：11:30-14:00, 17:00-21:00

熱海日式料理海鮮餐廳

地址：臺北市萬華區和平西路三段162號

電話：02-23063797

營業時間：15:30-01:30

新利大雅福州菜館

地址：臺北市萬華區峨嵋街52號7樓

電話：02-23313931

營業時間：11:00-14:00, 17:00-21:00

汕頭
火鍋
沙茶
府城
担仔麵
六十年歷史
臺灣的酒家菜
結合了閩南、廣東和日本料理、
是混血的品種
味鋒

魷魚螺肉蒜

大學剛畢業時結識了雕塑家侯金水，他喜歡上酒家尋歡作樂，幾次領我去北投痛飲，餐桌上總不乏一鍋「魷魚螺肉蒜」。侯金水總是指定那對走唱江湖的夫妻來表演那卡西，丈夫司樂，太太歌唱，那歌聲似乎飽嘗過人生的折磨，充滿了滄桑，充滿了風塵味。後來侯金水玩丙種股票，欠了一屁股債，逃至廈門，從此杳無音訊。

後來我帶家人去陽明山、北投一帶泡溫泉，都會在溫泉餐館吃中飯，也是少不了一鍋魷魚螺肉蒜。這是臺灣常見的年節湯品，是節慶、辦桌的佳餚，多出現在交際應酬的場所。此湯曾經是貧困年代的高檔菜餚，後來經濟起飛，追求食材高昂的時尚，魚翅、鮑魚成了講排場的新歡。

魷魚螺肉蒜是典型的臺灣酒家菜，主角為魷魚、螺肉和蒜苗，魷魚用乾貨，乾魷魚之味才雋永；螺肉選用罐頭製品，「欣葉」臺菜行政總主廚陳渭南認定，此湯成功關鍵在所選用的螺肉罐頭，他推薦日製「雙龍牌」。乾魷魚以阿根廷公魷魚較佳，肉厚，味濃。蒜苗以過年前後的青蒜最好，取其纖維較細，香味亦較佳。

常見的配角有紅蔥頭、排骨、豬肉、香菇、蘿蔔、芹菜等等，也有人會加入栗子、芋頭、筍、蝦米。過年前後，正逢芥菜盛產，用芥菜心煮湯，有一種清爽之美。

作法是剝去乾魷魚外皮，泡鹽水至軟，剪成條狀；蒜白和蒜綠分開處理：蒜白切厚斜片，備用；蒜綠切段，過油。先用米酒、淡色醬油、五香粉、地瓜粉抓醃排骨或豬肉，豬頸肉尤佳；再油炸排骨、芋頭至透。我有時並不油炸，排骨汆燙後，直接入滾水中煮半小時。

起滾水鍋，煮排骨、芋頭、豬肉片、蒜綠及調味料。另起鍋，以熱油爆香紅蔥頭，濾出。接著炒香魷魚、香菇之屬，再加入蒜白拌炒；最後倒入湯鍋中所有材料及螺肉罐頭，一起滾煮，調味，傾入紅蔥頭。罐頭裡的螺肉汁偏甜，可斟酌作為高湯的一部分使用。

這是一道酒酣耳熱時喝的湯品，非但不排斥人工甘味劑，反而大膽運用；常用的調味料包括蜆精、白胡椒粉、鰹魚粉、香菇精、味霖等等。我對罐頭食品殊乏好感，螺肉罐在這裡卻表現了罐頭之美。世間難見像日本作家內田百閒（一八八九～一九七一）嗜吃罐頭者，尤其是有一點生鏽的罐頭，食物帶著馬口鐵的氣味，他斷言「罐頭要舊的才有意思，因為偶而經過夕陽的照射，一定會比存放在陰涼處的罐頭味道更為成熟。如果是用開罐器打開的罐頭，以一般方法存放的話必須從罐底打開」。不曉得是否這樣怪異的食性，養成他偏執的個性。

乾魷魚是典型的乾貨美。很多海味曬乾之後，彷彿變身成了另一種食物，散發出新魅力，其風味遠非鮮貨可比，如干貝、鮑魚、海參、魷魚、烏魚子……

因為是傳統酒家菜，帶著酒家菜血統的餐館都能煮出一鍋好的魷魚螺肉蒜，諸如吟松閣、蓬萊閣酒家、遵古金蓬萊臺菜，以及臺菜餐館如易鼎活蝦、茂園、青青餐廳等等。

魷魚螺肉蒜有一種風塵味，滾沸著尋歡作樂的氛圍，適合邊吃邊聽江蕙的臺語歌，亦適配飲高度數烈酒，吃喝之間油然升起江湖好漢的氣概。

此湯上桌時，通常會架在小瓦斯爐上保溫續煮，煮的過程，魷魚不斷釋放出海味，越煮越有滋味。彷彿是一則隱喻。

它集合了多種食材的香味，層次豐富，既有海味之鮮，又具陸味之腴，味道甘美而溫暖，厚實，悠遠。我帶妻子赴廣州復大醫院求診前夕，岳父母一家都來家裡探望，我煮了一大鍋魷魚螺肉蒜，十幾張嘴吃得樂融融，我自己連喝五碗湯才休。喝到一半，接到思和從義大利傳來的簡訊，祈祝一切平安；明芬也傳來簡訊打氣：「請帶著我們大家的愛前往」。我想，那晚的魷魚螺肉蒜，還帶著祝福的意思。

欣葉

地址：臺北市中山區雙城街34-1號（德惠街口）
電話：02-25963255
營業時間：11:30-00:00

青青餐廳

地址：新北市土城區中央路三段6號
電話：02-22691127, 2269-1121
營業時間：11:00-22:00

金蓬萊遵古臺菜

地址：臺北市士林區天母東路101號
電話：02-28711517, 28711580
營業時間：11:30-14:00, 17:00-21:00

茂園

地址：臺北市中山區長安東路二段185號
電話：02-27528587, 27114179
營業時間：11:00-14:00, 17:00-22:00

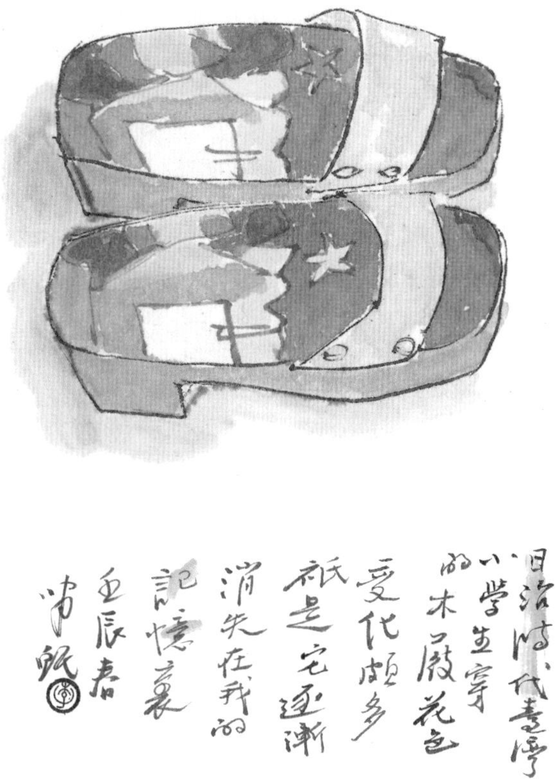
日治時代臺灣
小學生穿
的木屐花色
變化頗多
祇是它逐漸
消失在我的
記憶裏
壬辰春

佛跳牆

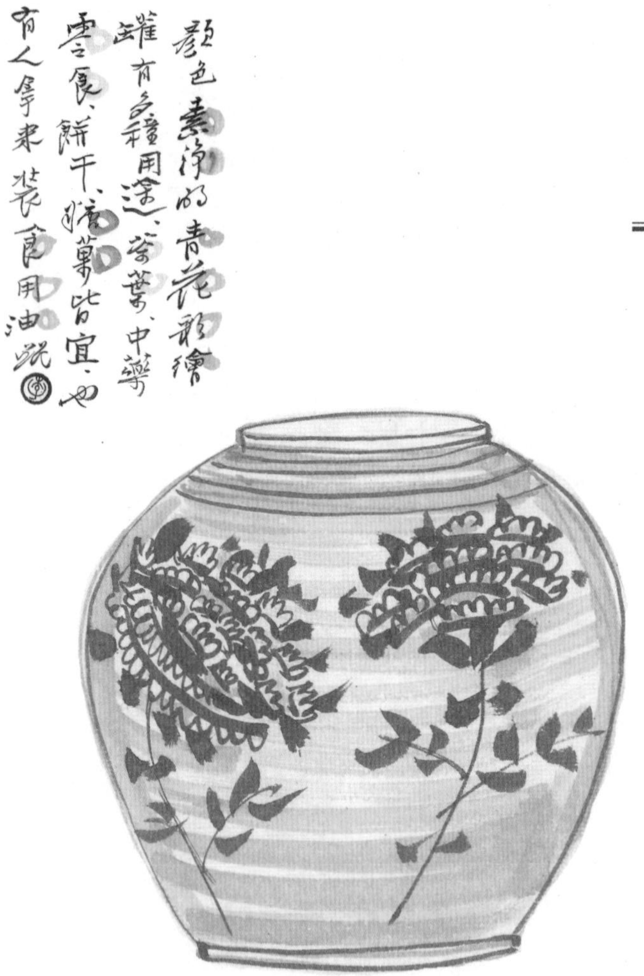
顏色素淨的青花彩繪
罐有多種用途、容器、中藥
零食、餅干、醃菓皆宜、也
有人拿來裝食用油哦

佛跳牆堪稱福建的首席名餚，用料講究，工序繁複。主料有雞、鴨、羊肘、蹄尖、蹄筋等等約二十來種，輔料包括香菇、竹蟶、鵪鶉蛋等等達十餘種。

先分別烹製所有的材料，如排骨、芋頭先油炸，魚翅、海參先發好，鵪鶉蛋先煮熟，豬腳、豬肚先燒滷……再用熬出的雞湯加紹興酒注入甕內約九分滿，慢火細燉或隔水蒸煮。烹調器具以瓷甕為佳，需大而深，窄口寬腹，甕口以荷葉密封，隔水蒸煮約一小時，成品酥軟味腴，香氣馥郁濃稠。

發展至今一百多年，佛跳牆材料迭有變化，豐儉隨人。雖僅一百多年，起源卻眾說紛紜，其中之一，傳說有個乞丐，將討來的殘羹冷炙，在某佛寺牆角升火燴煮，香味飄散，誘引寺廟內的和尚忍不住翻牆過來索食。

比較可信的是清光緒年間，一福州官錢局官員在家宴請福建按察使周蓮，主料為雞、鴨、豬等約為十多種，用紹興酒罈精心煨製而成。周蓮品嘗後讚不絕口，問及菜名，該官員說該菜取「吉祥如意、福壽雙全」之意，名「福壽全」。周蓮遣家廚鄭春發求教於官員內眷，並加以改進。

鄭春發可謂閩菜奠基者，他在光緒三十年（一九〇四）獨立承接了「三友齋」並易店名為「聚春園」，即以福壽全一菜而轟動榕城，慕名來品嚐者眾。此菜上桌啟罈時，鮮香味觸動了一位秀才的靈感，即興吟哦：「罈啟葷香飄四鄰，佛聞棄禪跳牆來」，從此「佛跳牆」之名流傳天下。另一說，「福壽全」的福州腔似「佛跳牆」，遂以訛傳訛至今。

附會的故事雖未可信，仍有幾分道理。林文月認為乞丐燴煮殘羹冷炙的傳說，正好表現佛跳牆的烹製特色：各味分散，匯聚而隔水蒸煮；若同樣的素材同鍋烹煮，效果全異。

現在的聚春園包含旅館，規模很大，據說菜色有兩千多道，我初訪時太貪心，獨自暴食了佛跳牆，又加點了荔枝肉、糟肉夾光餅、爆糟家兔肉、魚丸肉燕湯、太極香芋泥。

有福州人認為，福壽全既稱「全」，基礎必為全雞、全鴨、全肘，非炸排骨所能取代；且罈底必舖以乾貨如淡菜、蟶乾等；加入芋頭僅充實內容份量，有蛇足之嫌；筋則以鹿筋，豬蹄筋無法彰顯主人的貴氣云云。然則整隻雞、鴨、肘全塞進甕內，需要多巨大的甕啊？真是莽漢吃法。

這道菜初始不算熱門，梁實秋說他到臺灣之前，從未聽說過。佛跳牆清末渡海來臺後，融入臺菜，聲名大噪，面貌卻不復閩味：漸無雞、鴨、羊肘，轉而加重海味份量如干貝、鮑魚、魚皮，輔料則常見金針菇、大白菜、枸杞、桂圓等。

我覺得臺式佛跳牆以北投酒家所烹最迷人，也許是因為溫泉環境的加持。北投酒家都有湯屋，冬日泡湯泡到全身酥軟，適時喝這碗熱湯，委實是品味佛跳牆的最高境界。高行健甫獲諾貝爾文學獎時，我曾帶他去歷史悠久的「瀧乃屋」泡湯慶祝，兩人坦誠相見，邊在煙霧迷濛中聊天，邊欣賞窗外美麗的庭園。可惜諾獎得主都越來越難接近，十年來終於失去了連絡。

除了溫泉酒家，臺菜館、福州菜餐廳所烹亦佳，目前臺北最正宗最高檔的福州菜莫非「翰林筵」，此店主推福州官府菜，乃沈葆楨後代沈呂遂開設，招牌菜即是佛跳牆。「明福餐廳」所製捨棄芋頭、炸排骨，代之以荸薺、筍、白果、花菇、冬蟲夏草、松茸、魚唇、雞睪丸等等十幾種材料，湯頭顯得較清爽。

有天晚上，楊牧伉儷賜宴於明福餐廳，我問阿明師，來不及預定你們的鎮店招牌「一品佛跳牆」，有幸品嚐嗎？當然沒有。約十幾分鐘後老闆娘過來說有了，一桌日本客人預訂了一甕，他們臨時不來了，那甕就讓給你們。佛跳牆上桌，她先分盛了一碗給楊牧，他隨即舀起一粒可疑的東西問這是什麼？我說是雞睪丸。他非常吃驚，持湯匙的右手懸僵如被點住了穴道。既然不敢吃就給我吧。

一群人魚貫進店門，老闆娘又把剛分盛的佛跳牆一一倒回甕裡，神色慌張地說：「日本人來了」，聲音彷彿是日本鬼子來空襲；她見楊牧碗裡的湯已喝了幾口，不好意思再倒回去，回頭說：「那碗大概要一千塊錢，就送給你吃好了」。

佛跳牆集山珍海味於一甕，象徵豐富圓滿。甕裡動輒超過二十種食物，它們都捐棄自己獨特的味道，融合在一起，如眾聲交響，相得益彰，展現雜燴美學之極致。

每一年除夕，我都會作一甕佛跳牆送到岳父母家，大概裡面包含了干貝、鮑魚、魚翅等高檔貨，很自然地成為年夜飯的主角。除夕是親人團圓的夜晚，理應回到自己的父母家吃飯，結了婚不妨各自回娘家。我歡喜送妻女回娘家吃團圓飯，看一個大家族爭食我的作品，看老婆綻開的笑容。不謙虛地說，那甕佛跳牆真美味，雖則加了芋頭，湯並不顯得混濁，有效討好了團聚的親人。

明福餐廳

地址：臺北市中山區中山北路二段137巷18號之1
預約電話：02-25629287
營業時間：12:00-14:30, 17:30-21:00

翰林筵

地址：臺北市大安區仁愛路三段9號B1
預約電話：02-87735051
營業時間：11:30-14:30, 17:30-21:00

聚春園大酒店

地址：福建省福州市東街2號
預約電話：86-591-87502328

肉羹

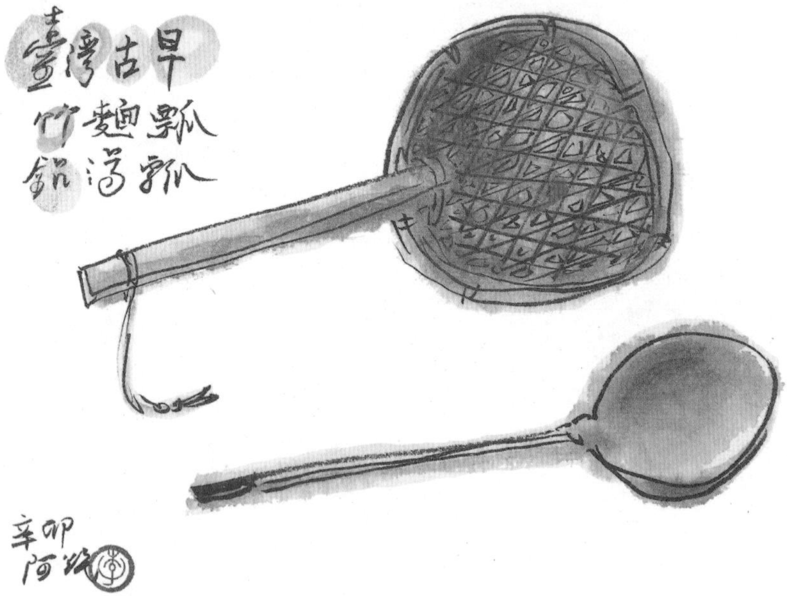

黃昏時，接到北大教授胡續冬電話：「我和周舒正站在基隆廟口，請問該吃什麼？」這位詩人、教授當時在中央大學客座，頗能自得其樂，又充滿活力，才來一個月已全臺趴趴走。基隆奠濟宮前有意思的小吃攤頗夥，我建議他們試試鼎邊趖、天婦羅、白湯豬腳、紅燒鰻羹、滷肉飯，尤其莫錯過廟口第三十一號攤「天一香肉羹大王」。

肉羹攤的創始者，是人稱「肉羹順仔」或「憨丁順仔」的吳添福先生（一九〇二～一九八六），他的故事流傳在廟口，皆是美麗的傳說。憨丁順仔個性有一股憨勁，樂善好施，熱情參與廟會活動，每當奠濟宮出陣頭，他總是非常投入，舉大仙尪仔、歕鼓吹都不落人後，廟會上「他可以擺出一身練拳頭的架式，露出強壯的手臂，讓人用鐵條打，掌聲愈大，他愈不痛」。如此憨勁也表現在肉羹上。

「天一香」招牌乃是當年奠濟宮的廟公幫他命名，意謂此攤的肉羹天下第一香。吳添福在廟口是一則傳奇，是廟口小吃最燦爛的風景，雖則攤位跟其它家一樣狹仄。基隆仁三路上的小吃攤販，與他有親戚關係或他傳授手藝的有七家。這家近百年的老攤已經傳到第三代在經營，它見證了臺灣肉羹的發展史。

「他很注意衛生」，吳麗珠回憶父親賣肉羹的態度，「阿爸總是把桌子刷得很清潔，碗筷洗得很乾淨，看到碗的邊緣有破損一定馬上換掉，還常批評那些叨著菸做事的同業不衛生」。這也是古早味啊，古樸認真的經營態度。現在的攤販多不太長進，幾乎完全不在乎衛生條件；我堅信，忽視衛生的吃食攤，絕不可能會出現美味。

「親家交待，若是看到勞動界的朋友來吃」，吳添福的小舅子林國本少年時就來攤位幫忙，他感佩姊夫的海派，「那些拖板車的、牽牛車的、踏三輪車的，或是碼頭工人、土水工人，飯就要裝卡大碗，讓人食乎飽」。該又是古道精神了，帶著俠義感在做生意。

「天一香肉羹大王」的肉羹肉質嫩而鮮美，湯頭清澈、甘甜，不像一般賣肉羹的，習慣將湯勾縴。這是很有創意的辦法，蓋那肉羹已經勾縴，那湯實宜清澈才是，若糊塗再勾縴，適得其反。

廚事常須先有知識原理，後有技藝操作。今人多不解肉片裹漿的用意，糊塗勾縴，其實袁枚早就告訴我們：「治肉者，要作團而不能合，要作羹而不能膩，故用粉以牽合之。煎炒之時，慮肉貼鍋，必至焦老，故用粉以護持之。此縴義也。能解此義用縴，縴必恰當，否則亂用可笑，但覺一片糊塗」。可見裹的粉只是一種媒介，不能當作主角。

我較欣賞的肉羹例不加魚漿，純粹的鮮豬肉製作；其實用來包裹豬肉的魚漿多乏善可陳，徒然壞了豬肉的滋味。像羅東「肉羹慶」、臺北延吉街「阿財魚翅肉羹」、「福緣泉水肉羹」都不含魚漿。「阿財魚翅肉羹」選用新鮮豬後腿肉，醃製後加少許太白粉、調味料打成肉漿，以手工捏製成形，口感比一般添加魚漿的肉羹鮮嫩。此店的肉羹早年確實加了魚翅，後因成本太高而改成髮菜。

「福緣泉水肉羹」是相對乾淨的肉羹店，黑色的桌椅收拾整潔，帶著時尚感；牆上張貼一些勸世警語，帶著佛教的況味。店家標榜湯汁採用三峽大板根的山泉水所煮，肉羹採用當日現宰溫體豬的肩胛肉，肉質細緻恬淡，勾縴甚薄；其肉羹湯中僅有高麗菜和香菇，簡單明瞭，蔬菜的鮮甜表露清楚，流露清淡之美。

肉羹的作法多元，各店都有自己的獨門秘方，最常見的是豬肉醃漬後添加魚漿，與大白菜同煮，湯中再勾薄縴，像羅東「林場肉羹」，臺北北投「文吉肉羹」、舊時圓環「三元號」和「龍凰號」、東豐街「田原臺灣料理」、板橋黃石市場「王家肉羹」屬之。調味料以糖、烏醋、太白粉、白胡椒粉為主。即使添加魚漿也不宜多，「林場肉羹」即謹慎使用魚漿，僅在里肌肉片上添加些微的魚漿和地瓜粉，令肉羹有較佳的滑嫩感，和飽滿感。肉羹多用大鍋煮，像華西街「大鍋肉羹」是經營已達一甲子的老攤，湯底用大骨熬煮而成，湯中則不勾縴，以呈現羹湯之清澈和口感之清爽。

重慶北路「三元號」開業亦已超過一甲子，曾是建成圓環內的最有名的小吃，滷肉飯和肉羹是老招牌，店家直接將兩者的搭配稱為「一組」。此店以肉羹最佳，湯底用鯊魚皮熬煮，加了蒜酥、烏醋調味，帶著蒜味，偏甜；內有筍絲、鯊魚皮、香菇，和幾絲散翅，肉片用的是黑豬瘦肉，打上薄漿，質地柔嫩又有結實感。「田原臺灣料理」的肉羹並非以小吃的形式呈現，而是像一般桌菜的羹湯，因此用海碗，份量足，肉羹大塊，嚼勁佳，裡面有金針菇、鴻喜菇、筍絲、扁魚、香菜，每份一百元。

筍絲在肉羹中扮演重要的角色，它能令羹湯清香。我就很喜歡員林第一市場附近「謝家米糕」的肉羹，肉塊較小，未裹魚漿，僅勾薄縴，加上大量的筍絲，湯頭清澈而鮮甜。謝家的米糕採用濁水溪長糯米，蒸熟後澆淋肉臊，可謂滷肉飯的糯米版，彈牙可口，頗富咀嚼之樂。吃謝家米糕，喝謝家肉羹，搭配一盤獨門燒肉，允為生活快事。

臺灣有許多風味小吃適合搭配白飯，肉羹就是。一碗白飯，一碗肉羹，簡單卻不寒傖，有效給出飽足感。

福建莆田、仙游一帶習慣吃炒米粉配「肉擦湯」，肉擦湯類似臺灣的肉羹，選用帶點肥的瘦肉，切成小塊，裹地瓜粉，放進滾湯中燉爛。

我估計，肉羹在臺灣發展不過百年，其出身高貴，大抵流行於北部。起初，羹湯裡用魚翅、鮑魚、干貝作材料；如今則以扁魚、香菇、白菜、竹筍為主要配角，皆切成絲；有人為繁複口感並增添形色，又加入髮菜、蛋花、蘿蔔、香菜，體貼的店家會在餐桌上供應烏醋和蒜泥。肉羹加入白飯裡，變成肉羹燴飯；加入米粉、麵，變為肉羹米粉、肉羹麵，菜餚忽然變主食，是臺灣料理富於變化的典型。

天一香肉羹順
地址：基隆市仁愛區仁三路27-1號 廟口第31號攤
電話：02-24283027
營業時間：07:00-01:00

福緣泉水肉羹
地址：臺北市大同區民生西路132號
電話：02-25506117
營業時間：11:30-20:30，週日休息

田原臺灣料理
地址：臺北市大安區東豐街2號
電話：02-27014641
營業時間：11:00-14:00, 17:00-21:00，週一休息

三元號
地址：臺北市大同區重慶北路二段11號
電話：02-25589685
營業時間：09:00-22:00

林場肉羹
地址：宜蘭縣羅東鎮中正北路109號
電話：03-9552736
營業時間：08:00-18:00

謝家米糕
地址：彰化縣員林鎮中正路265號
電話：0919-318646, 04-8318646
營業時間：11:00-22:00 週二休息

四臣湯

「四神湯」應作「四臣湯」，蓋閩南語「臣」和「神」同音，以訛傳訛，久而積非成是。這是臺灣的傳統藥膳，以北部為盛。主要材料是中藥的四臣：淮山、芡實、蓮子、茯苓，這四種藥材有健脾固胃的功效。

淮山即山藥，助五臟，強筋骨，健脾益胃，補肺止渴，明目聰耳。主治脾胃虛弱，倦怠無力，久瀉久痢，食慾不振，肺氣虛燥，痰喘咳嗽，腎氣虧耗，下肢痿弱，帶下白濁，遺精早泄，小便頻數，皮膚赤腫。《神農本草經》說它「味甘，溫。主傷中，補虛羸，除寒熱邪氣，補中益氣力，長肌肉。久服耳目聰明，輕耳不飢延年」。

芡實可固腎益精、補脾去濕，《本草綱目》載：氣味甘、平、澀，主治「濕痹，腰脊膝痛，補中，除暴疾，益精氣，強志，令耳目聰明。久服，輕身不飢，耐老神仙。開胃助氣，止渴益腎，治小便不禁，遺精白濁帶下」。

蓮子清心除煩、開胃，並可增強人體免疫機能，《食療本草》說它主治五臟虧虛、內臟受傷而氣息微弱，可以通利補益十二經脈、二十五絡的血氣。

《本草綱目》記載茯苓：氣味甘、平，能開胃止嘔逆，「安魂養神，不飢延年。止消渴好睡，大腹淋瀝，膈中痰水，水腫淋結，開胸腑，調臟氣」。

我讀醫書讀得眼花撩亂，四種主料卻沒有一種是我愛吃的；尤其茯苓含較多纖維，口感不佳，宜切小片。後來有人乾脆用薏仁取代茯苓，效果近似，口感好多了。中醫說：薏仁清熱、通利水、治經痛、健脾益胃，能提高肌膚新陳代謝與保濕的功能。

唐魯孫在他的書中追憶嘉義中央市場「益元堂」中藥鋪兼賣四臣湯的故事：「益元堂老闆，原本是船員出身，因為整年在海上作業，餐風露雨，飲食不調，得了脾虛胃弱的病，終日飲食不進，病況垂危，有人傳他一個偏方，每天早晚飯後喝一碗四臣湯，而且要連渣子一併吃下，過了一個多月，居然胃口大開，漸漸恢復健壯。他知道過分勞苦的人得這種病的比比皆是，於是從此發心，濟世救人，開益元堂中藥鋪，門前擺了一個專賣四臣湯的攤子」。

我喝四臣湯從未考慮它的療效，淮山、芡實、蓮子、茯苓等藥材殊乏美味，可它們結合在一起，以小火燉豬肚、小腸、生腸、粉腸等藥引，竟激盪出美味。中藥最了不起之處在於它除了療效，還可以變成美食。有人會拿西藥當食物？

為了追求美味，四臣湯中加入豬內臟作配料，後來配料逐漸凌駕主料。最常見的配料是豬小腸，小腸必須整治乾淨，絕不可貪快而使用化學藥劑清理。整治潔淨的小腸才不會出現腥膻味，熬煮之後更顯得清爽，散發脂香。從前清洗多用明礬、粗鹽、麵粉搓揉腸肚，後來發現啤酒、可樂的潔淨效果更徹底。

四臣湯的作法頗為繁複：最好使用悶燒鍋，加蔥、薑、蒜先燉煮豬腸、豬肚至軟爛。煮熟乾蓮子。熬煮淮山、芡實、薏米、茯苓與處理過腸、肚，直到芡實、薏仁至熟軟。再加入蓮子同煮。起鍋前加鹽調味；上桌時滴入些許米酒。

這道小吃發源於二十世紀臺灣的貧困年代，猶原保留勤勞的精神，攤商販售四臣湯，常兼賣肉粽、肉圓、肉包、大腸麵線、肉羹、碗粿、糯米腸、炒米粉等小吃。臺灣的夜市、廟宇附近都不乏美味的四臣湯，如臺南市「鎮傳四神湯」就在武廟附近崛起，其腸、肚軟而彈牙，腴且滑嫩，湯頭醇厚濃郁。

優質的攤商都像「鎮傳」，每天早上去挑選新鮮的豬腸，豬腸一經冷凍，口感遜矣。買回來之後須一條條翻面、清洗，先在沸水中燙熟，再與中藥材熬煮，直到軟腴適嚼。

大稻埕一帶可謂臺北的小吃重地，去霞海城隍廟拜拜或逛迪化街買南北貨，不宜錯過「妙口四神湯」，此攤強調古早味，正宗以等比例四臣煮成；不僅四臣湯好，肉包也美，口味不遑多讓於鹿港的「阿振肉包」。彰化銀行門口有這一攤，使這家銀行的氣質格外動人。

既是湯品，要緊的是熬出好湯，鄰近寧夏夜市的「阿桐阿寶」用大骨熬五、六小時，湯呈乳白色。這店營業時間很長，其小腸清理得相當潔淨，湯內除了小腸和薏仁，不見四臣；原來店家顧慮四臣難耐久煮，遂磨成了粉加進大骨湯裡。值得稱許的是桌上供應泡著當歸的米酒，由客人自取，而且免費續湯。

「劉記四神湯」鄰近二魚文化舊辦公室，我幾乎三兩天就去吃一次，其「四神湯」並無傳統四臣，主角是各式豬腸和豬肚，湯內僅有薏仁，完全名不符實；可它真好吃，老闆用心整治腸肚，當日購買材料，當日販售。

景美夜市那攤「雙管四神湯」，兼營油飯、蚵仔麵線；所謂「雙管」是雙小管，即小腸套小腸，厚度增加，以求其口感富足；由於份量加倍，嚼勁加倍，其去腥、燉煮都須加倍用心。

大稻埕慈聖宮前亦有我愛吃的四臣湯，此攤各種腸子皆仔細清洗，其湯頭加入甘蔗熬煮，成品未滴米酒，純粹的滋味。喝此攤的四臣湯，不宜錯過肉包，他們的肉包比別家碩壯，外皮也顯得厚，咬一口，麥香隨著熱煙溢出；接著是裡面結實的肉球，湧現不可思議的肉香和醬香。

四臣湯是窮人的補品，湯裡的中藥材和那些豬內臟都很便宜。窮人需要滋補，窮人也往往缺乏滋補；貧窮的時候用美味進補，感情特別深刻。很多臺灣人小時候都吃過媽媽煮的四臣湯，每一追憶不免是盈眶的眼淚。

這碗湯，給黑白的記憶注入了色彩，給平淡的生活蓄滿感動；這碗湯，帶著健康和祝福，盛入窮人的碗。

妙口四神湯
地址：臺北市大同區民生西路、迪化街交叉口（彰化銀行騎樓下）
電話：0919-931007
營業時間：11:00-19:00，週一休息

阿桐阿寶四神湯
地址：臺北市大同區民生西路153號
電話：02-25576926
營業時間：10:00-05:00

廣東汕頭劉記四神湯
地址：臺北市中正區南昌路二段2巷口（郵政醫院後面）
電話：0935-682933
營業時間：15:30-20:30，週日休息

雙管四神湯
地址：臺北市文山區景美街115號（景美夜市內）
營業時間：17:00-24:00，週一休息

鎮傳四神湯
地址：臺南市中西區民族路二段365號（赤崁樓對面）
電話：06-2209686, 0927-729292
營業時間：11:30-24:00

艋舺小吃店風景

壬辰二月

春雨綿綿

路過萬華龍山寺街坊速寫

嘯帆

雞捲

雞捲是臺灣風味小吃，常見從前的於「辦桌」宴席，可當菜餚，亦可作點心，尤流行於北臺灣。這是一道名不副實的食物，稱呼雞捲，可材料中卻無雞肉。

北方的雞捲不同，如天津的清炸雞捲就使用雞脯肉、火腿條製作；川味雞捲則包以網油，也加入雞肉；都迥異於臺灣雞捲使用豬肉。臺菜中的雞捲主要有三說：其一謂雞捲從前叫「石碼捲」，乃福建石碼鎮傳來；其二謂它的形狀像雞脖子，閩南語雞脖子發音近似雞捲；又一說斷言雞捲當以閩南語發音，「雞」與「多」同音，意謂「多出來的一捲」，將祭祀後沒用完的豬肉、剩菜剁碎，調味，以腐皮包捲，入油鍋炸熟。

我較採信最後一種。多一捲的意涵，背後是刻苦農家，節儉惜物所開發出的菜餚。

現在的雞捲已不再包裹剩菜，除了以豬肉為主體，常見的內餡包括魚漿、荸薺、胡蘿蔔、香菜、洋蔥、紅蔥酥、芋頭、蔥、蝦米、香菇等等，將選用的材料用鹽、糖、胡椒粉、五香粉、酒、醬油、雞蛋拌勻，略微醃漬後，以豆腐皮包裹，以中低溫油（約80℃即可）下鍋油炸而成。臺灣雞捲實際上是豬肉捲。宜蘭的肉捲加了豬肝，稱為「肝花」。

無論材料或調味，都表現一種藝術的調和，各家所選用的略異。要之，五香粉的味道甚重，下手須節制，分量不可多於胡椒粉；又有人習慣在醃料中摻入粹粉，實不足為訓。

好吃的雞捲表皮總是酥脆，裡面又香嫩多汁；添加在裡面的魚漿、太白粉的分量，必須掌握準確，稍微失控，口感即有過硬或過粉之虞。

雞捲常見於臺灣的傳統市場，平價又容易購買，普通家庭鮮少自製。一般臺菜餐館大抵能製作出相當水平，如「欣葉」、「明福」、「義興樓」的雞捲都很出色。義興樓有過非常繁榮的歷史，那些傳統菜餚代表了老景美的味道，其雞捲不添魚漿，真材實料風靡了數十年。

多年前我曾帶蔡瀾去木柵「永寶餐廳」吃臺菜，面對整桌菜餚排名，他竟說雞捲第一。這是一家很深情的餐廳。我在木柵住了十幾年，「永寶」算是芳鄰，初嚐其滋味卻是逯耀東教授推薦，說它能作道地的古早臺菜。

綽號「老鼠師」的陳永寶從一九六七年起專營外燴，打響口碑。老鼠師在當年的千島湖事件中遇害，兒女們為了懷念爸爸，接手經營餐廳。第二代掌門人陳欽賜先生完全繼承父親的廚藝，保留古早的辦桌滋味，更不斷研發創新。

逯耀東教授遽爾辭世後，我為他在永寶舉辦追思餐會，邀集了一些他的好友相聚吃吃喝喝，並請來黃紅溶演奏巴哈《無伴奏大提琴組曲》慢板樂章和快板樂章，在深刻的音樂中吃深情的臺菜，大家邊飲酒邊追憶和這位美食家交往經驗。

後來陳欽賜先生經營別種事業，餐館舊址亦改建大樓。忽忽過了幾年，我竟搬到這棟餐館改建的大樓居住，可惜已經沒有了永寶餐廳。所幸陳欽賜兩個妹妹秀貞、秀敏，還在木柵市場賣雞捲。

除了臺菜餐館，臺北有些小吃攤的雞捲亦不遑多讓，如延三夜市「葉家五香雞捲」，單賣雞捲，別無他物；內餡也單純，僅豬肉和洋蔥，搭配醃漬黃瓜佐食，微酸，微甜，微美。葉家雞捲的表皮色澤相對輕淡，餡料結實，現包現炸現吃，很是燙嘴，得邊吃邊吹氣。此外，永樂市場「永樂雞捲大王」、平溪菁桐村的「楊家雞捲」也好吃。不過大部分店家都將蘸醬淋在雞捲旁，雞捲本身調味已重，實不必如此蛇足。

雞捲的美學是調和準確，表皮金黃酥脆，內餡細嫩多汁；這道樸實的菜，外表不起眼，總透露懷舊的滋味，和珍惜的表情。

永樂雞捲大王

地址：臺北市大同區延平北路二段50巷6號
電話：02-25560031
營業時間：07:30-13:00，週一店休

木柵菜市場雞捲

地址：臺北市文山區集英路22號

楊家雞捲

地址：新北市平溪區菁桐街127號
電話：02-24951056
營業時間：07:00-22:00，週四店休

日治時代的廚房調味料 改變
傳統台灣人的味蕾
李蕭錕
AJI-NO-MOTO
素の味

菜包

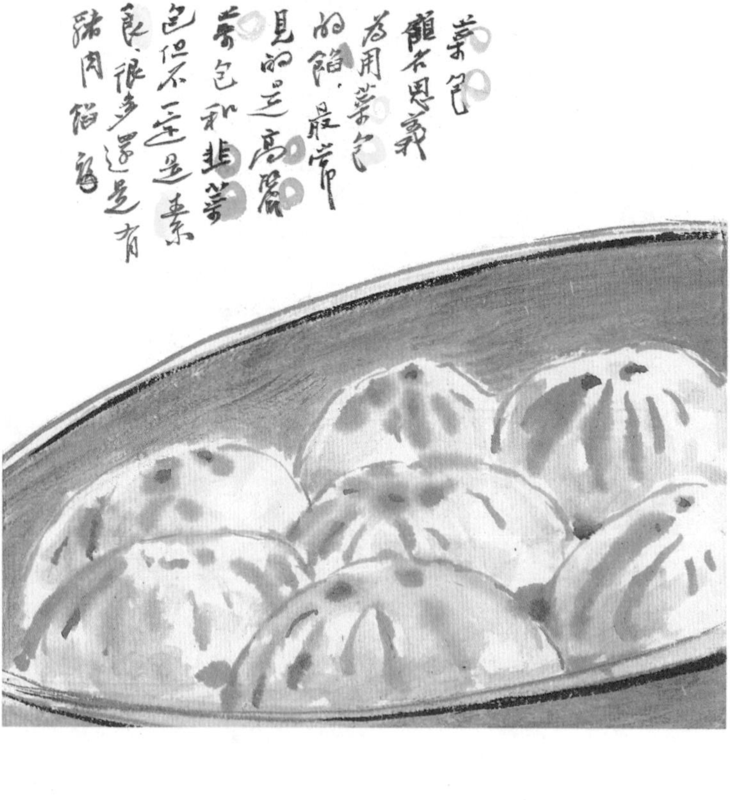
菜包
顧名思義
為用菜包
的餡，最常
見的是高麗
菜包和韭菜
包但不一定是素
食，很多還是有
豬肉餡

有一派說法謂客家菜包乃客族南遷後所研發。蓋客家源於華北，日常自以麵食為主；後來不得已改吃米食，遂變化米食外形成水餃狀，帶著懷念的意思。糧食種類既變成以稻穀為主食，輔以地瓜、芋頭和瓜菜，又出現了許多既是菜餚又是主食的食品，例如「粄」。

這種菜包就是粄，以糯米為主料，加水磨成漿，再脫水成米糰，用以製作成各種口味的點心。客家菜包與一般菜包最大的差異在外皮——不用麵粉製皮，而採糯米。發展至今，外皮種類越來越多，諸如綠色的艾草粄，紫色的山藥粄，黃色的地瓜粄。白色的原味菜包多用新鮮蘿蔔絲，其它菜包則多採乾蘿蔔絲。

最普遍的仍是以圓糯米磨漿，壓乾，拌勻的白外皮，皮薄餡多是美味的方程式。從前，客家庄過年才吃菜包，除夕夜每人吃一個。春節前正當蘿蔔盛產，出嫁的女兒也都回娘家參與製作菜包，她們在溪溝裡涮洗好蘿蔔，帶回家削皮，剉籤，用粗鹽抓去水份，再加以爆香。菜包美味與否，關鍵在於蘿蔔絲炒得香不香。

如今菜包已是吾人的日常吃食，有時我上課會訂購一些，和研究生邊吃邊論學，令沈悶的學術有了生活的滋味。

臺灣所發展出的客家菜包，南部叫「豬籠粄」，北部曰「菜包」，以中壢一帶聞名，二十年來已成了中壢的名產。尤其是「劉媽媽菜包店」和「三角店客家菜包」，兩店毗鄰，都頗具規模，種類甚夥，其餡料除了招牌蘿蔔絲，還包括高麗菜乾、酸菜、竹筍、芋頭，都飽滿多汁，最了不起的是兩店都二十四小時營業。客家菜包店的營業時間都很早，清晨即賣，往往未到中午就售罄。

二〇〇九年十二月，我舉辦了一場「客家飲食文學與文化國際學術研討會」，並為大會構思主題晚宴「客家宴」，菜單中特地安排一道有著深情故事的「蝦公卵粄」。由於臺灣從未製作過這種粄，我決定選擇一家厲害的菜包店委託製作，研究生張美鳳推薦「春來菜包店」，我反覆跟店家說明餡料，並試吃了三次，終於成功推出。

蝦公，指淡水小蝦，「公」在客語中作語尾助詞，如「貓公」、「鼻公」、「手指公」，無涉雌雄。這是永定洪坑的獨特食品，流傳著一段父女恩情的故事。

相傳明代嘉靖年間，永定林九峰所生的五男四女皆已成婚，最孝順的么女滿女也最清貧，父親六十壽誕那天，她煞費苦心地製作了蝦公卵粄，滿心歡喜回到娘家，才踏進門檻，見滿室賀客和滿屋禮物，忽然自卑地不敢走入廳堂，遂直奔父親的臥房，只見父親獨自坐在床沿嘆氣。原來林九峰不喜應酬、張揚，兒孫輩又都忙於招呼賓客，廳堂觥籌交錯時，壽星竟在臥房裡飢腸轆轆，滿女適時獻上尚有餘溫的蝦公卵粄，並陳述無法備辦豐盛壽禮的衷曲，父女在香濃味美中細述家常，共享天倫之愉。

「蝦公卵粄」流傳已超過四百年，王增能在《客家飲食文化》一書中說蝦公卵粄又叫「新丁粄」，其實不對，蓋新丁粄是客家人生了男孩（添丁）之後，在過年、正月十五向土地公還願所做的大紅粄，類似閩南人的紅龜粿，作得越大越好，甚至舉辦比賽，目前東勢地區還維持這項傳統，平常並不販售；中壢三角店、劉媽媽亦可訂製綠豆、紅豆或花生口味的新丁粄。

蝦公卵粄屬鹹粄，古早的作法：是將米磨成粄漿，製成粄皮；以小蝦、鴨蛋、筍拌和作餡；再用粄皮包餡，蒸熟。「客家宴」的蝦公卵粄和永定所製頗有不同，結合了臺灣的菜包，並作了一些改良：用粄皮包裹鮮蝦仁、鴨蛋、蝦乾、蝦皮、蘿蔔絲、豆腐乾、豬肉拌和香料作成的餡，蒸熟。

菜包現炊現吃最美，我的經驗是，若多買了一些帶回家，冷卻後宜直接置諸冷凍庫，莫放在冷藏，這樣當再度加熱時外皮才不虞完全失去彈勁，而變得糜爛。

週末清晨，我們總是驅車到大溪，跟「溪洲樓」的李老先生學習吐納功，在湖邊，陽光特別亮，將草地鍍上金黃色，抬頭深呼吸，天空極藍極潔淨。練完功，李伯伯有時囑咐阿倡煮薑絲魚頭湯給我們喝。除了薑絲魚頭湯，阿倡偶爾另燒了清蒸吳郭魚、避風塘吳郭魚，搭配地瓜稀飯吃，大清早練功，神清氣爽，又能吃到溪洲樓的鮮魚，心情如剛出蒸籠的菜包。

時間還早，我們不急著回家，常順便到關西買菜包。關西「阿嬌客家傳統美食」的菜包餡鮮嫩多汁，咬開外皮，飽滿的鮮汁溢出，允為我心目中的全臺首包。

所有好吃的菜包皆遵循古法製作，都帶著木訥質樸的表情，正正經經磨米製皮，嚴選材料再仔細爆香，絕不胡亂添加化學調味料。東勢國小旁的「黃媽媽菜包店」亦是老老實實的性格，照本份認真製作：內餡用鄉下飼養的黑毛豬，和油蔥、蝦米、香菇、蒜爆香，再結合蘿蔔絲。吃這些好菜包，突然間有所領悟，洞悉一切。

阿嬌客家傳統美食
地址：新竹縣關西鎮石光里466號
電話：03-5868280, 0935-185084
營業時間：05:00-12:00

春來菜包店
地址：桃園縣平鎮市環南路524號
電話：03-4937634, 0910-143047
營業時間：06:00-18:00

黃媽媽菜包店
地址：桃園縣平鎮市平東路1段187號
電話：03-4504669
營業時間：06:00-10:30

劉媽媽菜包店
地址：桃園縣中壢市中正路268號
電話：03-4225226
營業時間：24h

三角店客家菜包
地址：桃園縣中壢市中正路272號
電話：03-4257508
營業時間：24h

焢肉飯

彰化到處可見「爌肉飯」招牌，是彰化人尋常的吃食。不過「爌」字在這裡有誤，應作「焢」肉飯才正確。案：爌為明亮之意，又同曠。而焢，音控，燜煮的意思。

一般是將五花肉切大塊，用醬油、酒，加入冰糖、蒜頭、蔥及香料，煮滾後放入肉塊，以小火滷煮至熟透。滷煮之前，有人會增加炸或煎的工序，以求肉質的彈性。也有商家捨冰糖，而以甘蔗取代，如臺中市「陳明統爌肉飯」、埔里「阿鴻爌肉飯」，追求輕淡的甜味中帶出含蓄的蔗香。

香料是各店家的不傳之秘，有人愛添加八角，我以為不妥，蓋八角味道甚強，恐遮蔽了純粹的肉香。焢肉飯和滷肉飯相同的是表現肉香和油香結合飯香，不過前者還給出大塊吃肉的痛快感。焢肉飯要好吃，在於焢肉與飯的搭配演出，肉要滷得美，飯要煮得漂亮，兩者快樂地結合。

豬肉多選用五花，也可以是後腿肉或腱子肉，關鍵是要滷得恰如其分，不可太爛，亦不可顯柴，不能死鹹，也不能偏甜。至於米，不論池上米或濁水米，要緊的是嚴格控制水分，才能煮出剔透而彈牙的飯粒。除了肉和飯，常見的配菜有蘿蔔乾、筍絲、醃黃瓜、霉乾菜、炒高麗菜等等。

這是一種會令人心跳加速的食物。很羨慕彰化人生活中有焢肉飯，此地飲食以小吃為大宗，街頭閒晃，好像三步一肉圓、五步一焢肉飯，好像連八卦山大佛也愛吃焢肉飯，美味的攤商多不勝數，諸如「魚市場爌肉飯」、「夜市爌肉飯」、「阿章爌肉飯」、「阿泉爌肉飯」……臺灣各地皆有焢肉飯，只有彰化、臺中的焢肉上會貫插著一根竹籤，像美味的符碼；也具有實用功能，令久滷的豬肉不致失形。

我曾在彰化「阿泉爌肉飯」對面的小旅館住過兩天，清晨披衣外出，驚聞「阿泉」的焢肉在街頭飄香，忽然叫飢腸怒吼。那塊半圓形的豬肉久滷後顯得柔嫩，被煮得晶瑩潔白的米飯襯托，顯現出一種忍不住的激情。一口肉，一口飯，一口蘿蔔乾，很快就吃完了兩人份。

那塊肉選用溫體豬後腿肉，汆燙後切塊，再以獨門滷包滷製三小時。店內除了焢肉飯，另有麵、米粉，以及滷蛋、香腸等小菜，還有骨仔肉湯、魷魚湯、蚵仔湯、脆腸湯，和蝦、肉丸湯，湯品皆用大骨熬煮，未添加人工甘味劑。如今回想，那旅館雖則簡陋，可對面有如此迷人的焢肉飯，這小旅館依然是值得打尖的所在。

彰化到處是焢肉飯，一般多中午才營業，而且似乎越晚越熱鬧；我總覺得「阿泉」

清晨就供應焢肉飯，頗有社會責任感，值得吾人表揚。這味焢肉飯的創始者是謝萬枝先生，一九二六年起挑擔遊走彰化，人們一聽到阿枝師的叫賣聲，紛紛拿碗出來等待。一九七三年才固定在現址開店。「阿泉」是阿枝師大兒子謝壬葵先生的別名；現在的掌門人是他弟弟謝安洲先生，第三代也已加入經營。

彰化縣政府旁「阿章爌肉飯」亦我所迷戀，由於位處十字路口，當地人習慣稱它青紅燈下的焢肉飯。豬肉滷得那麼好，滷豬腳之美自然不在話下，攤前大排長龍也就很正常。為了那塊肉、為了那隻腳在寒風中守候，似乎是深情者起碼的表現。

阿章的湯品頗多，諸如酸菜鴨、腦髓、金針肉絲、扁魚白菜，尤以排骨湯最多，像苦瓜排骨、芋頭排骨、蛤仔排骨、四物排骨，選項多，豐富了吃焢肉飯的變化。的確好吃，遺憾阿章供應的是晚餐和宵夜，實在不適合我這款肥仔。

「魚市場爌肉飯」也是，它的肉香飽滿，是許多在地人心目中的夢幻焢肉，米飯也煮得極講究，顆粒分明又富於彈勁，這種飯才對得起種田人。然則我對魚市場這攤焢肉飯又愛又恨，是他們三更半夜才營業，分明歧視我這種習慣早睡的老頭。三更半夜擁擠著人群排隊侯吃，熱鬧如廟會。彰化人到了半夜多這麼餓嗎？何以迷戀焢肉飯幾近信仰？

焢肉飯是彰化的地標食物，說來神奇，臺灣其它地方雖則也不乏有口碑的焢肉飯，卻難以企及彰化的美味。

從前我供職於中國時報，承辦的文學獎常在中華路的廣告部大樓舉行決審會議，開會前我總是先到漢口街吃一碗焢肉飯，再踅到峨嵋街吃阿宗麵線。生命中愉悅的時候並不多，開會也多很無趣，如果再缺乏好食物好滋味，豈不悲情？「黃記老牌燉肉飯」創立於一九四八年，那飯之精華是鋪於飯上的一大塊滷豬肉，剛從熱鍋裡撈上來，升騰的蒸氣中透露著肉香，那塊肉，經久滷呈深褐色，旁邊是酸菜絲和一小片醃漬蘿蔔。

其實那塊五花肉其實不能叫「燉」肉，而是「滷」肉。燉乃是由煮演變而來，技法是將材料置於密閉的器皿內，加多量水，以大火隔水煮滾再轉用中、小火持續恆溫加熱，目的在追求湯汁清醇、肉質酥軟而不失形的烹調手段，如佛跳牆。然則名字叫什麼不要緊，爽口才重要；那塊肉會令人拚命扒飯，因此吃的時候千萬別計較吃相，也先別顧慮減肥的問題。

阿泉爌肉飯

地址：彰化縣彰化市成功路216號

電話：04-7281979

營業時間：07:00-13:30

阿章爌肉飯

地址：彰化縣彰化市南郭路一段263號之2

（中山路2段口，彰化縣政府旁）

電話：04-7271500

營業時間：17:30-03:30

魚市場爌肉飯

地址：彰化縣彰化市華山路、中正路口

營業時間：22:30起，賣完為止（約24:00）

黃記老牌燉肉飯

地址：臺北市萬華區漢口街二段25號

電話：02-23610089

營業時間：10:00-20:00

烏魚子

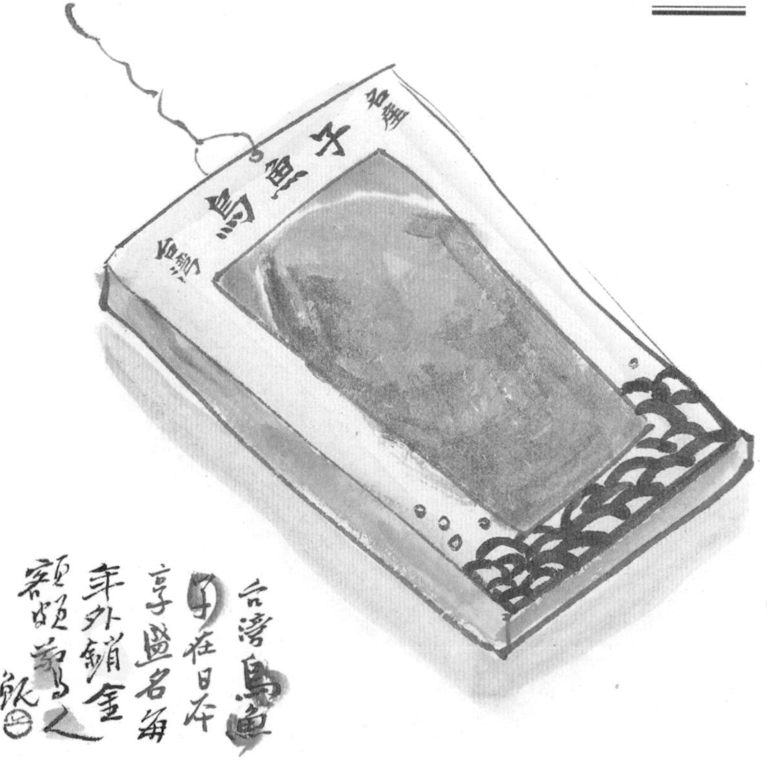
台灣烏魚子名產
台灣烏魚子在日本享盛名每年外銷金額頗為驚人

每年冬至前後十天，烏魚群集洄游臺灣西部沿海，因而被稱為「信魚」，也是漁民心目中的「烏金」。烏魚子是雌烏魚的卵巢，烏魚因子而貴，在拍賣市場，母烏價格兩三倍於公烏。

我偏愛鹿港的烏魚子。蓋烏魚群抵達鹿港、王功附近時，正值交配前最成熟階段，母烏的卵巢與公烏的精巢都最飽滿，謂「正頭烏」，相當肥美；烏魚群順臺灣沿岸南下到屏東南方外海產卵後折返，身體瘦弱且無魚子在身，稱為「回頭烏」，瘦而味劣。鹿港民諺：「要吃烏魚不穿褲」，即使貧窮，也要當掉褲子買烏魚吃，追求美味的氣魄直追馬來人的榴槤，馬來人所謂「榴槤出，沙龍脫」，榴槤成熟時，再窮也得當掉衣褲兩用的沙龍，換錢買榴槤吃。

坊間所售烏魚子大別為三類：品質最佳的是野生海捕烏魚子，帶著美麗的橙紅，對著光色澤如琥珀，味道有一種盈潤感。其次是美國、巴西進口烏魚子，多冷凍後再製作，其狀偏狹長形，色澤傾向暗紅偏褐，口感亦不如野生者。至於養殖烏魚子，由於缺乏運動，油脂含量偏高；口感缺乏天然的海水鹹味，有時會出現土膻氣。

臺灣製作烏魚子的技術，源自日治時期日本漁夫教導，其工序為去血、鹽醃、脫鹽、板壓、整形、風乾，其間猶需考量當時的氣溫和濕度。去血是先用水洗去血漬，再逼出血管裡的血液，須消除盡淨，否則成品會因殘血氧化而變黑。

自母魚腹中取下魚子，切口處用棉繩綁緊，以防製作時散開；鹿港地區在取魚子時會連著一塊肉，防止烏魚卵溢出，故不需綁綿繩，成為鹿港烏魚子的標誌。

魚子取出後以鹽醃約五十分鐘，即洗去鹽分，進行壓形：將魚子置於舖了白布的木板，上面壓一塊木板，層層疊放，同層的魚子務必大小一致，以免受壓不均而壞形。最上層以石塊壓實，日曬，風乾，過程還得經常翻轉烏魚子，令其日曬均勻。接下來是檢視經過壓實的烏魚子，用腸膜修補有缺角破損處，再經過日曬、風乾一至二天；日曬時需時刻擦拭烏魚子表面，令其剔透有光澤。

鹿港佔盡天時地利，其烏魚子又較他方多了陽光味，它們都吸飽了陽光，「益源魚子行」的選材、製程都頗為嚴謹，遵循傳統工法製作，經過多次日曬、陰乾、逐步加壓而成。

臺南「吉利號」創始於日治時期，標榜採用野生海捕烏魚子，「遵循古法慢工精製」，「經過適度的反覆日曬、陰乾及逐步加壓製成」，從三十公斤慢慢加壓到一百二十公斤左右，吉利號的工序約需一週至十天，是古法製作的典型。

所謂遵古法製作，美學特徵是慢，慢工細活地製作，閩南語說「照起工做」，絕不投機取巧。快速量產的東西多很乏味。

臺北潮濕，不適合曬製烏魚子，我常買的「伍中行」和「永久號」的烏魚子都是委託南部代工工廠曬製。「伍中行」營業超過七十年，臺灣光復初期，游彌堅就曾推介此店的烏魚子給唐魯孫。

「永久號」創立於一九一五年，原先叫「萬福號」，乃簡萬福先生所創，到第三代簡昭瑞接手才易名為永久號。標榜每片烏魚子十三兩，簡老闆總是告訴顧客：「這是阮幾十年的經驗累積，多一兩太濕，魚子黏口；少一兩又太乾，沒了油脂不好吃」。

我習慣用平底鍋慢煎烏魚子，有時加米酒，有時加紹興酒，以變換口味；煎好了佐蘋果片吃，如果手邊沒有蘋果，則以白蘿蔔片或蒜苗取代。過年前曾啟瑞、常玉慧伉儷設宴於三二行館，吃到烏魚子時，林孝義醫師說當年他父親用高粱酒泡烏魚子，並點火燒炙，滋味曼妙。這位過敏免疫風濕科名醫，追憶父親烤製烏魚子的神情飛揚，令我年假期間每天在家泡製。烤多了，一時吃不完，就裝在保鮮盒裡，么女雙雙和我邊看電視邊當零嘴吃。

張北和先生也用平底鍋煎，煎時用牙籤戳一些小洞，煎至乾透的程度，佐松子吃。我不認同這種作法，蓋烏魚子最美的口感彷彿羊脂，烏魚子乾既失腴潤感，如遲暮美人，不免令人唏噓。

優質的烏魚子卵粒均勻，乾濕、軟硬適度，不會死鹹，而是鹹中帶甘，那甘味在咀嚼間悄然透露出來。路人皆知此物乃下酒雋品，甚至烈如高粱酒，我們平常不易找到和它非常適配的食物，唯烏魚子令它剛烈的性格變得柔順服貼。我喝高粱酒、二鍋頭一類的白酒時，總希望有烏魚子佐侑。

煎烤來吃是珍饈，送禮則給出一種珍貴感，臺灣人和日本人最歡喜收到這種年節禮物。近年來，臺灣的烏魚捕獲量銳減了90%，據說主要原因是大陸漁民在烏魚洄游起點，以快速拖網、炸魚方式趕盡殺絕。所幸臺灣的養烏技術日益高明，養殖的烏魚子已不似從前油膩，也漸漸少了腥味。

烏魚子作為雌魚的卵巢，自然是相當性感的食物；此外烏魚鰾（雄烏魚的精巢）、烏魚肫（烏魚的胃囊）都是饕家的珍饈。攝影家劉慶隆曾為《飲食》雜誌採訪烏魚子，拍回來的照片竟彷彿生動的美人臀，其構圖誘人遐思，真懷疑他腦海裡隱藏著些什麼？

　烏魚子又是一種多情的食物，那濃厚的香氣總是纏綿在口腔，只要送進嘴裡，彷彿就緊緊擁抱著牙齒，捨不得離去，那是味覺的饗宴，口腔的派對。

益源魚子行
地址：彰化縣芳苑鄉芳漢路漢一段226巷100弄9號
電話：04-8990988

吉利號烏魚子
地址：臺南市安平區安平路500巷12號
電話：06-2289709
營業時間：10:00-20:30

永久號
地址：臺北市大同區延平北路一段36巷10號
電話：02-25557581
營業時間：08:00-18:00

伍中行
地址：臺北市中正區衡陽路56號
電話：02-23113772
營業時間：08:00-20:00

蝦猴

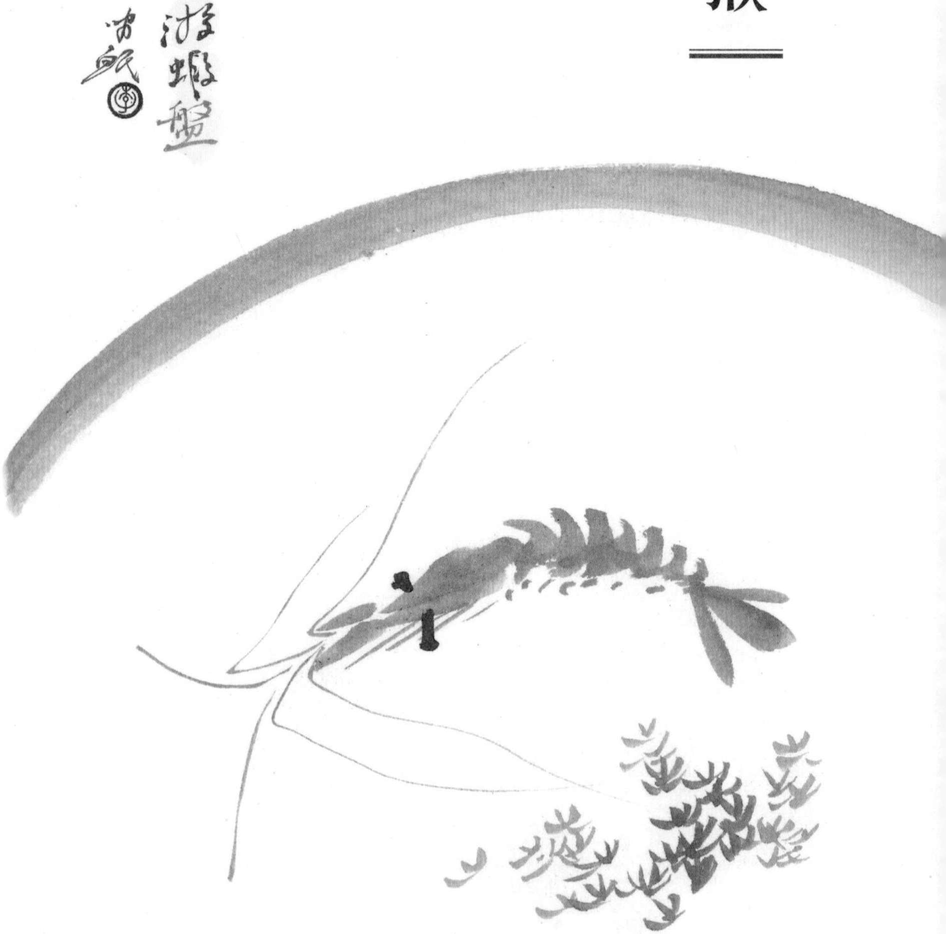

蝦猴又稱蝦蛄、螻蛄蝦，英文叫 Mud shrimp，可見生活的環境不是很舒適。牠的甲殼軟薄，頭胸甲具短三角形額角，下緣有刺，尾柄呈方形；有六隻腳，和兩隻大前螯，身體呈半透明青綠色，挖洞而居，是挖掘地道高手，彷彿個性害羞而內向，平常生活在自己挖的洞穴中，所挖的洞穴深達半米，漲潮時，爬出洞口覓食；退潮時，躲在洞穴內休息。

這是鹿港的地標小吃，別的地方罕見。主要產地在線西、伸港的大肚溪口區域，生活於潮間帶泥灘下。每年冬末春初產卵，是最佳賞味期，也因此漁民得冒著料峭的海風捕捉，相當辛苦。傳統的捕捉方式很特別：將水管插入泥沙中，用馬達將強勁水柱沖毀蝦猴的洞穴，逼迫牠們爬到泥灘上。一般的蝦行動敏捷，善於跳躍；蝦猴的游泳能力弱，行動又遲緩，手到擒來。

抱卵的母蝦猴用鹽滷製，公蝦猴和產後的母蝦猴則採油炸。這種食物亦源自清貧年代，線西地區沙質海岸每逢大退潮，潮間帶寬達數百公尺，早年物質條件差，土地也貧瘠，婦女及老人往往在退潮時蹲在沙地上挖捕蝦猴、赤嘴（國盛蛤），不僅可以貼補家用，也是重要的蛋白質來源，日久形成當地特產。

鹿港天后宮前中山路和民生路上，有多家店賣蝦猴，如「臻巧味」、「阿南師民俗小吃」，賣的大多是蝦猴酥，和一口蟹、螳螂蝦、溪蝦等等，擺在店門前，頗為壯觀。店家又將上述油炸海產合併一盤，這種綜合酥炸海產，彼此的口感固然存在著些微差異，卻又差不多，厚重的胡椒鹽已統馭了一切海味。

油炸蝦猴炸兩次才香脆，店家都先油炸一次，擺在門前招徠，顧客點食才二次油炸。我則偏愛鹽滷蝦猴，尤其欣賞「黃月亮」蝦猴專賣攤，攤名即經營者的姓名。唯有抱卵的母蝦猴堪作鹽滷蝦猴，此物相當鹹，非常下飯、下酒，鹿港俗語：「一隻蝦猴三碗糜」，意思是一隻蝦猴可以配三碗粥。雖則很鹹，卻是一種特殊的鹹，鹹後回甘。

我曾經在黃月亮家裡看她醃漬蝦猴，採鹽滷工序，並不繁複，卻需要耐心。首先要清洗蝦猴：蝦猴泡在清水中瞬即污濁，須勤於更換清水，一遍又一遍地滌除蝦猴身上的泥沙，直到水清澈。燒一鍋水，鼓猛火，加入調過味的粗鹽，滾沸時傾入剛泡好澡的蝦猴，閉緊鍋蓋。不久白煙團團冒起，飄散一股蝦腥，濃厚的海洋氣息。大約過了五分鐘，那氣味逐漸變化，海腥味淡了，消失了，代之而升的是一種甲殼類蒸煮後的氣味，由淡漸濃，漸漸清楚的是誘人饞涎的香氣，熄火。

撈起蝦猴後的滷汁謂之新露，若和舊露一起鹽滷，其滋味當出現更豐富的層次。

黃月亮承襲了父母的好手藝，又研發出許多副產品，諸如蝦猴XO醬、蝦猴酒等等十幾種，我愛吃她作的蝦猴XO醬：抱卵的母蝦猴去頭尾，加入櫻花蝦、蝦仁拌炒而成。有時煮好麵條，拌一點進去，再擱些蔥花，立即而強烈地召喚飢餓感。

我吃漬蝦猴，為免太鹹，多除去鬚腳頭殼，卵香與肉鮮更清楚、更完美地表現出來。

十幾年前，李昂曾贈我一罐漬蝦猴，那時候的蝦猴猶個頭碩大，蝦卵油黃，飽滿而結實，咀嚼間滿嘴都是卵香和鮮香；這種美味很適合下酒，那一小罐蝦猴引我飲了好幾瓶高粱酒，吃的時候好像都帶著一種心情。清．江浴禮〈江城子．詠蝦〉下闋唱道：「夕陽紅上酒邊樓，酒新篘，小勾留，一笑登盤，巧配內黃侯。任鬚髮張似戟，難洗盡，折腰羞」。在江邊酒樓吃蝦，飲新釀的酒，夕陽西下，誰都會有心情。

成天躲在地道裡，靠著漲潮帶來的浮游生物生存下去，蝦猴的命運和環境，令人聯想安部公房的中篇小說《砂丘之女》，被迫生活在暗無天日的沙洞裡，即使有一天離開，終究又選擇回到沙洞。彷彿寓言。

蝦猴是正宗的鹿港地標小吃，現今遊客來到鹿港多不免一嘗為快。然則大量而密集地捕捉，加上環境丕變，現在的蝦猴產量銳減，也越來越小隻，個個貌似發育不良，不免興竭澤而魚之嘆。然則保護措施不能訴諸消費者的警覺，必須公權力有作為地介入，規範捕捉方式，令蝦猴能休養生息，我們才能重返美味的年代。

黃月亮
地址：彰化縣鹿港鎮中山路435號
電話：04-7777193, 0937-777193
營業時間：09:30-18:30

臻巧味
地址：彰化縣鹿港鎮中山路410號
電話：04-7769449
營業時間：09:30-17:00

阿南師民俗小吃
地址：彰化縣鹿港鎮中山路401號
電話：04-7745448
營業時間：週一至週五10:00-18:00，
週六至週日9:00-21:00

五味章魚

五味章魚是一道涼菜。章魚用鹽抓洗，以除黏液，並摘去內臟和眼睛；章魚的眼睛有墨汁，須劃開擠出，沖洗乾淨，以免成菜被墨汁染黑。此外，章魚的嘴和牙有沙子，也應擠出洗淨；接著在蔥、薑、酒的滾水中燙熟，撈起，放入冰開水裡冰鎮後，蘸五味醬吃。臺灣一般海產店皆供應有此味。

澎湖人處理章魚很特別：捕撈上岸後，趁新鮮時以木槌敲打章魚，邊翻邊打，令黏液流出吸盤；再加以揉搓，洗去黏液。任何海產都講究新鮮，新鮮又處理得宜是基本動作，見真章的功夫在調製五味醬。

各家調製五味醬大同小異，主要材料是糖、醋、番茄醬、醬油，調勻後加入香油；為增進口感，通常還會添加大蒜末、薑末、蔥花、辣椒碎、香菜碎，這些辛香料爆香後更佳。醋以陳醋較好，也可以用一點檸檬汁豐富層次。五味醬除了輔佐章魚之鮮味，更同時呈現甜、酸、鹹、香、辣滋味。每一種滋味都另有層次，如糖的甜和醬油的鹹中帶甘不同，醋、番茄醬、檸檬汁的酸味也迥異。調料之增減存乎一心，每一家餐館每一位廚師都有自己的調製配方。我向來對番茄醬不甚了了，沒想到五味醬賦予它一種價值感。

章魚的烹法多樣，炒、炸、涮、煮、烤、焗，皆無不可，汆燙後蘸五味醬是臺灣人獨創的吃法。五味醬在臺灣，亦普遍使用於其它汆燙的海鮮如蝦、蟹、墨魚。

汆燙雖則簡單，也不能草率：章魚焯至蜷曲變白色即速撈起，焯久肉質會變老，咬地來如同嚼橡皮筋；滾水中加一點茶葉，據說可防止章魚肉老化僵硬。這是很簡單的菜餚，可先行備妥，快速上菜，長期以來一直是臺灣「辦桌」的菜色。五味章魚提醒我們，雖然生活簡單，心靈卻可以非常富足，快樂。

章魚和墨魚的口感接近，切片上桌後不易分辨。章魚又稱八爪魚，屬於八腕目，每隻觸爪上有許多圓孔吸盤；選購時要挑皮膚光滑呈半透明、眼睛明亮澄澈者才新鮮。墨魚又稱烏賊、花枝，與魷魚同屬十腕目；其軀幹上半部圓胖，肉厚，下半部稍微收尖。

汆燙章魚的口味甚淡，用五味醬來輔佐；五味互相發明，又依個人口味強調某味。那醬的滋味是繁複的，深刻的，裡面有許多細節，如同五種母音：甜的熱情，酸的失落感，鹹的勞苦感，辣的叛逆和瘋狂，交織起各種氣味和顏色，達到通感的境界。

單一味覺總不免貧困。酸和甜互相闡揚，甜和鹹彼此修飾，辣又和辛連袂出現，一起豐富了蘸醬的表情，最後是香味的參與，共同交響出五味雜陳的味道。

舌面對各種味覺的感受力不同。王莽說：「鹽者，百餚之將」，一般而言，鹹味真像將領，所有區位都能領受；舌尖最擅辨識甜味；兩側對酸味最敏感；中間則負責鮮味和澀味；苦味則屬舌根的管轄。當吾人的味覺漸漸昏鈍了，五味醬同時招呼了味蕾的每一區位，同時提醒了我們的感知系統。

生命中不也五味雜陳？如含淚的微笑。生活中有了豐富的滋味，才能透析生命的本質，才實實在在有了立足點。歡樂總是伴隨著痛苦，繁華的背後往往是寂寞。如果人生沒有過懊悔、快樂、傷心、幸福和痛苦的交織，如同愛情沒有眼淚的灌溉，是多麼乏味啊。

情緒不好時我總想去海邊散心，有一年我獨自驅車來到北海岸，長立海濱，凝視遼闊的海洋，心潮如浪潮澎湃，漸漸才覺得許多事不必計較。黃昏時來到一家海鮮餐廳，吃白鯧米粉、五味章魚，我好像永遠記得那味道。

當歸土虱
六十年
老店
肉羹麵湯
饒河
夜市

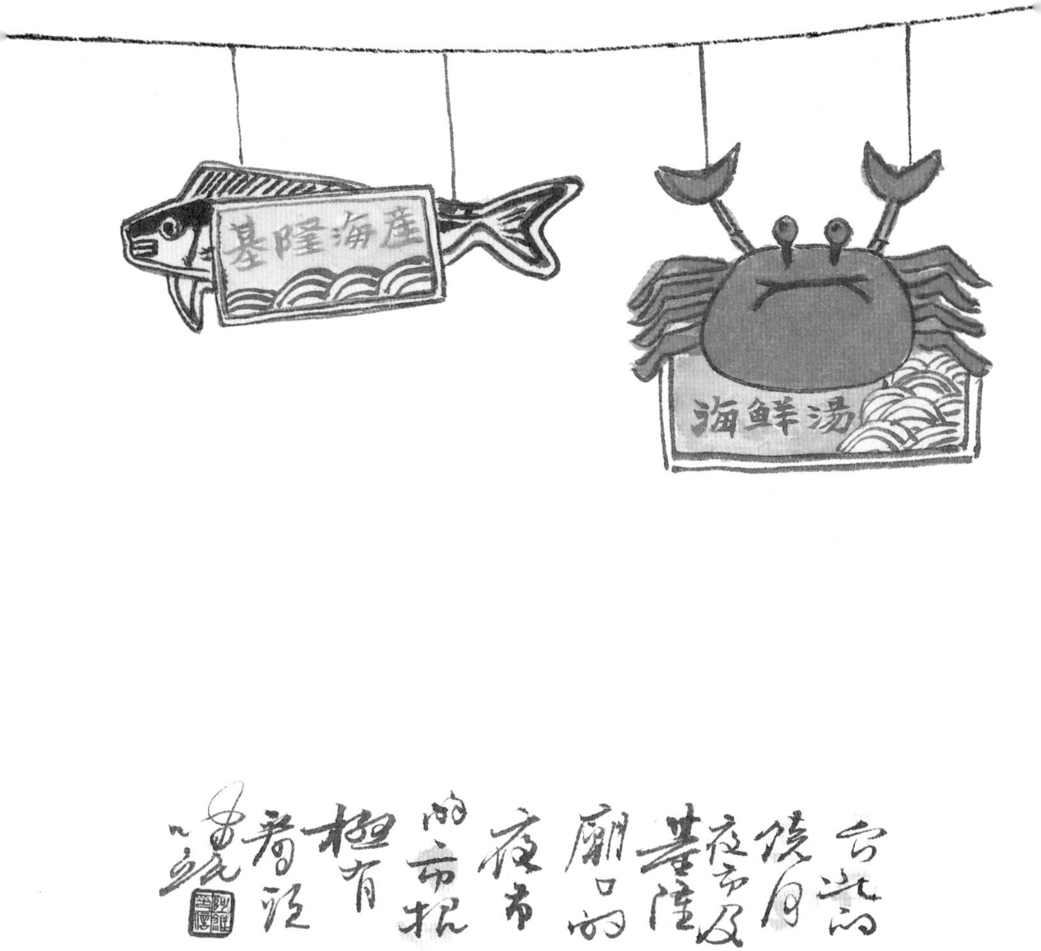
基隆海產
海鮮湯
台灣特有夜市及基隆廟口的夜市的市招極有看頭

海鮮捲

繪製鸚鵡魚

碗是陳良臺灣鶯歌窯廠出品那是日治時代的這面了王辰守能

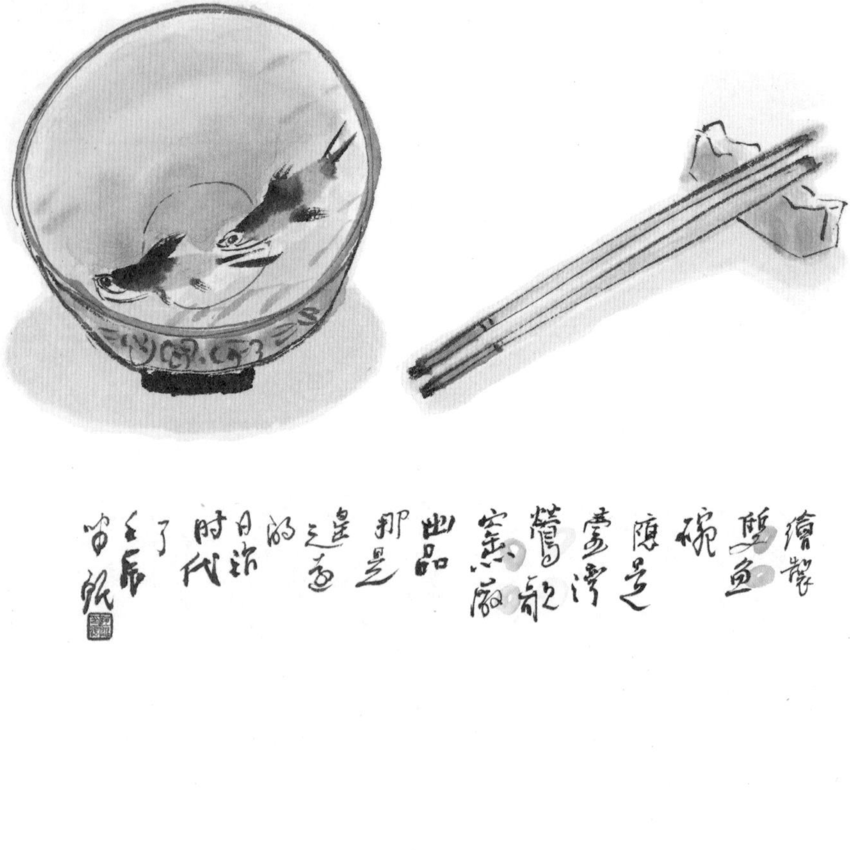

臺灣與海洋的關係非常親密，東岸有黑潮主流經過，乃南北洄游魚類的通道；臺灣海峽是平坦廣闊的大陸棚，乃許多底棲性魚類覓食、產卵、棲息的好所在。考古發現，新石器時代臺灣人即懂得使用獸骨、貝殼、石塊製造漁具，從事垂釣網罟，並已習慣食用海產。食材多海產，自古形成臺灣味道的主結構。

海鮮捲是眾多海產料理之一，各家海鮮捲選材不同，主料大抵為花枝、蝦、蟹、豬肉、魚之屬，多切細或打成漿作為內餡；輔料則以韭菜、高麗菜、香菜、胡蘿蔔、芹菜、荸薺和薑屑較常見，這些主、輔料都盡量往細裡切。通常主料只選擇一兩種以凸顯角色，不宜多，多則亂味。主料中顯然以蝦最為強勢，獨立成為蝦捲，已發展出許多專賣店，小吃攤、海產店、臺菜館和港式茶餐廳多吃得到。

不過此物畢竟只是小吃，較具規模的餐館並不以此為號召，如連續三屆獲《飲食》雜誌三星推薦的「明福餐廳」，其蝦捲勝過任何蝦捲專賣店；臺北市「新東南海鮮料理」的蝦捲也不錯，可他們都不主打蝦捲。

海鮮捲是肉捲的變奏，日治時期，日人開發漁港，海產更容易取得，開啟了海產加入肉捲的辦法，其形式多捏製成十幾公分的條狀，裹麵衣油炸。內餡的調味大抵用鹽、糖、胡椒粉。

市面上最多的吃法是蘸番茄醬、芥末、美乃滋，或店家自調的醬汁。其實只要調味準確，何勞醬料？我素不喜番茄醬、美乃滋這類的東西來干擾食物，我有非常固執的偏見：任何鮮美的食物，遭遇這種千篇一律的醬料，如美人遭毀容，令人就萬念俱灰。

海鮮捲的外皮也多元發展，有人裹麵包粉，有人用豆腐皮，有人用春捲皮，像淡水「阿香蝦捲」就選用大餛飩皮，油炸後酥中帶脆，內餡結合了鮮蝦和豬後腿肉。我和么女在淡水街上晃蕩時，總是買兩份六個，邊走邊吃，吃到嘴角流油。

臺南「周氏蝦捲」轟傳江湖久矣，此店是周進根於一九六五年在安平創立，周先生是「辦桌」總舖師，深諳海產最重要的精神是新鮮，堅持嚴選鮮美的蝦仁來建立品牌，近五十年來規模日益擴大，產品種類日夥，諸如佛跳牆、白北角羹、虱目魚、擔仔麵、杏仁豆腐皆在菜單中，也兼賣XO醬和香腸。我們去安平古堡，若錯過品嚐蝦捲，不免遺憾。

美麗往往藏在細節中，臺南「府城黃家蝦捲」選用火燒蝦作內餡，口感獨特；其外皮先用網油包覆，再裹自家特調的粉漿油炸。此外，考慮到油炸物熱氣及水氣甚重，若以紙盒密封外帶，會嚴重影響品質，體貼地使用粽葉包裝。

臺中清新溫泉度假飯店中餐廳的「明蝦腐皮捲」則選用豆腐皮包裹，選用明蝦作蝦捲，完全超過我們對蝦捲的期待和認識，原來蝦捲可以用這麼新鮮高檔的明蝦，外皮香酥又絲毫不顯得僵硬，內餡鮮甜而彈牙，蝦肉完整。

越南料理也有海鮮捲，不過作法和滋味都迥異於臺灣：沒有油炸的工序，除了蝦，越式海鮮捲另用熟雞絲、熟米粉、生菜和香草，外面用一層米紙裹起來，蘸醬汁吃。

獲《飲食》雜誌三星推薦的清水「福宴國際創意美食」，其蝦捲表層用春捲皮，形狀特別細長，搭配生菜吃，充滿泰國風味。臺中市「臺中擔仔麵」的蝦捲，則先將芝麻醬摻在蝦漿裡，包裹蝦漿的酥炸粉則是精心自調，炸妥之後再用漬嫩薑和生菜葉包起來吃。

值得喜悅的是，現在有些優質的海鮮捲可冷凍宅配。海鮮捲的美學特徵是表皮酥脆，色澤金黃，內餡鮮甜多汁；欲臻此境，首在材料的鮮度和飽足，切莫小氣。

高雄市「紅毛港海鮮餐廳」的海鮮捲以豆皮包裹飽足的花枝和韭菜，酥脆多汁，餐廳創辦人洪美花女士來自紅毛港的討海人家，對海產的敏銳和專業，幾乎是與生俱來的能力，人稱洪姐。「討海」是非常魅人的動詞，表現堅毅的意志，以及艱辛的生活方式，向海洋討糧。

紅毛港最早是一個小漁村，現屬高雄市小港區，村落居民世代捕魚維生，清代為有名的漁堰，如今已浚為港彎；後來高雄港擴建第二號碼頭，遂集體遷村。紅毛港之地名自然跟荷蘭人有關：昔日荷蘭人的船隻曾碇泊於此。我大哥葉振輝精研打狗歷史，他在《高雄市社會發展史》一書中說，三百年前這裡原是一條海溝，可供舢舨出入，後來泥沙淤積，形成潟湖，紅毛港遂與中洲、旗後連成旗津半島。

我在高雄居住二十年，旗津海岸有許多暗漩渦，我的兒童時期常泡在那禁止游泳的海域，曾經被貝類割傷腳，也曾經差點溺斃。青少年時代，更常常搭渡輪去旗津，夜晚的海風呼呼叫，那片沙灘彷彿是集體戀愛的所在，在我愛情的新石器時代，也曾經帶初戀女友來到月光海灘散步，也共同吃過「旗后活海鮮」、「文進活海鮮」，至今憶起仍回味無窮。

臺菜在海產方面猶有許多空間待開發，值得善用海資源，戮力追求餐飲的海洋文化。我欣賞洪姐以出身紅毛港為傲，那消失的漁村代表對海產的內行和堅持，他們提供來自海洋的滋味。

紅毛港海鮮餐廳
地址：高雄市苓雅區三多二路214號（林森路口）
預約電話：07-3353606
營業時間：11:30-14:00, 17:30-21:00

周氏蝦捲
地址：臺南市安平區安平路408號-1
預約電話：06-2801304
營業時間：10:00-22:00

府城黃家蝦捲
地址：臺南市安平區西和路268號
預約電話：06-3506209
營業時間：14:30-20:30

臺中擔仔麵
地址：臺中市西屯區華美西街二段215號
預約電話：04-23123288
營業時間：10:00-22:00

阿香蝦捲
地址：新北市淡水區中正路230號
預約電話：02-26233042
營業時間：11:00-24:00

竹筒飯

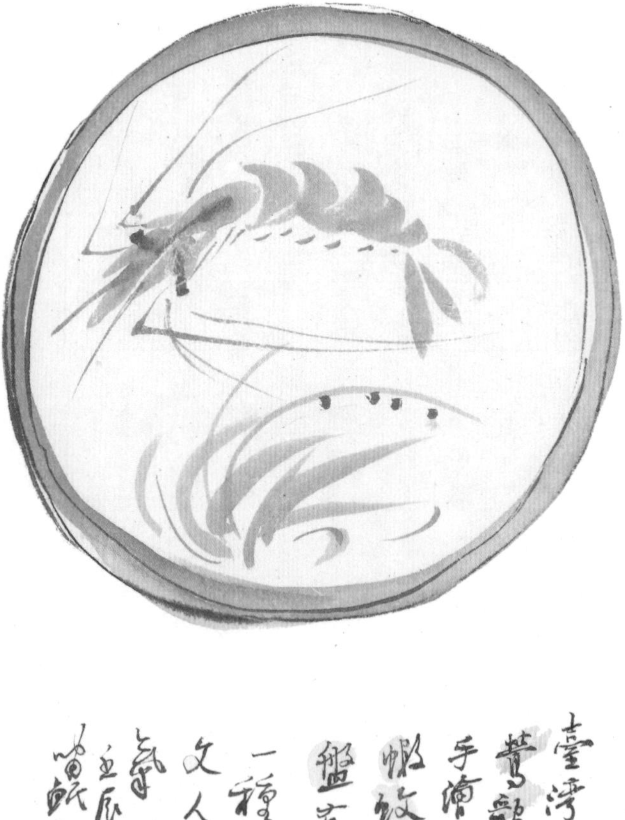

竹筒飯是將米裝在竹筒內烹熟的米食，作法是：取新鮮青竹，每節鋸開一端。浸泡糯米三小時，添加調味料，拌勻，填進一端開口的竹筒內約八分滿，再注水至九分滿，密封開口端，煮熟。另有燒烤法：青竹如前述鋸開，洗淨，浸泡竹筒半天。筒內填入約三分之一調過味的米，加水如前。密封竹筒，平放在炭火上翻轉烘烤至熟。

各地竹筒飯作法不同，臺灣原住民所製有煮有烤；海南黎族都用火烤，其竹筒飯有肉飯、豆飯、鹽巴飯，皆以山蘭稻之香米為原料，燒烤時以香蕉葉封口，將青竹烤至焦黃。

竹筒須選用新鮮青竹，常見的是孟宗竹、桂竹和麻竹，節距以較長者為佳。竹筒之封口則多用鋁箔紙、乾淨濕布條、新鮮香蕉葉。臺中「竹之鄉」的竹筒採用竹子底部的竹頭，相對特殊。

竹筒烹飯味道好，又非常環保，用過的竹筒還可以當燃料。竹筒之為用大矣，裝米炊飯，也可以烹菜。鹿谷「天鵝湖茶花園」、「豐閣民宿餐廳」經營竹筒全餐，除了炭烤竹筒飯，還有各色竹筒菜，如竹筒香菇雞、丸子、紅棗山藥、菇、筍、南瓜等等，並附贈竹碗，另點燃竹筒炮娛賓。又如傣族、哈尼族、景頗族用竹筒製茶菜：將茶葉填塞進竹筒內，椿實，先令多餘茶水淌出，再以灰泥封口，使其發酵，待兩三個月茶葉變黃後取出晾乾，加香油醃漬調味，當作菜餚食用。

臺灣的竹筒飯源自原住民的慶典活動，勇士狩獵、出征總是少不了它，不僅是臺灣原住民的主食，亦是傣族、哈尼族、布朗族、基諾族、拉祜族、黎族常吃的米食。由於竹筒內有一層薄膜，烹熟後，竹膜會脫落，包覆筒內的米飯，吃起來竹香撲鼻。

有人在竹筒內添加肉、香菇、魚等，當然這些材料都必須剁得細碎，才無礙口感。不過，竹筒之為物不僅是裝飯的容器，竹筒飯的美學內涵是飯香中表現竹香，取其竹子的清香滲透入米飯中，以清淡為尚，佐料不宜多，米飯也不宜過度爆香調味，以免遮掩了輕淡的竹香：有人在米中加進滷肉、臘味、燻味，實不足為訓。

馬來人的竹筒飯（Lemang）也常作為饋贈佳禮，他們製 Lemang 與我們頗為不同，除了用椰奶取代清水，在填米入粗大的竹筒前，會先在竹內墊一圈香蕉葉，其實已隔絕了竹香。我曾經旅行馬來西亞 Port Dickson，走出建於海上的 Avilion Resort 酒店，來到齋戒月市集，有好幾個食攤正烘烤著竹筒飯，人群聚集在不斷升騰的炊煙前，廣場上流動著強烈的飢餓氛圍。

竹筒飯多於山區野外製作，也可於風景區。我們在烏來老街、溪頭，到處在賣竹筒飯。和其它食物一樣，不免隨著時代在變易，臺東「鹿野溫泉酒店」就改變傳統，加入地方農特產如香椿、福祿綠茶、鹿野土雞肉，燜燒，令米香融和竹春和茶香，有一種健康保健的暗示。此外，食品加工業也大量生產，我們在量販大賣場，隨時可以買得到。

竹筒飯召喚原住民胃腸的鄉愁和記憶。也連接著漢人的野炊記憶，如果在鄒族所在的阿里山區吃竹筒飯，蘸一點阿里山特產的新鮮山葵研磨的芥末醬油，風味更迷人。阿里山出產的山葵長相俊秀，我逛東京築地市場時，看攤商標榜所賣的臺灣山葵，價錢、風味、外觀都非日本土產能望其項背。

我曾獨自爬山，在烏來一處瀑布下野餐，山明水秀，印象甚好；後來帶家人再去，吃竹筒飯，升火煮咖啡、泡茶。瀑布依舊在，只是已經滿地垃圾，吸引來不少蒼蠅。我好像挨了一記悶棍，忽然覺得無處悠遊於天地間。

鹿鳴溫泉酒店

地址：臺東縣鹿野鄉中華路一段200號

電話：089-550888

竹之鄉

地址：臺中市北屯區東山路二段1號

電話：04-22394321

營業時間：11:00-20:00

天鵝湖茶花園

地址：南投縣鹿谷鄉和雅村愛鄉路97-6號

電話：049-2751397

營業時間：08:00-22:00

豐閣民宿餐廳

地址：南投縣鹿谷鄉竹林村愛鄉路101-10號

電話：049-2676368

和敬
清寂
之禪茶

大腸包小腸

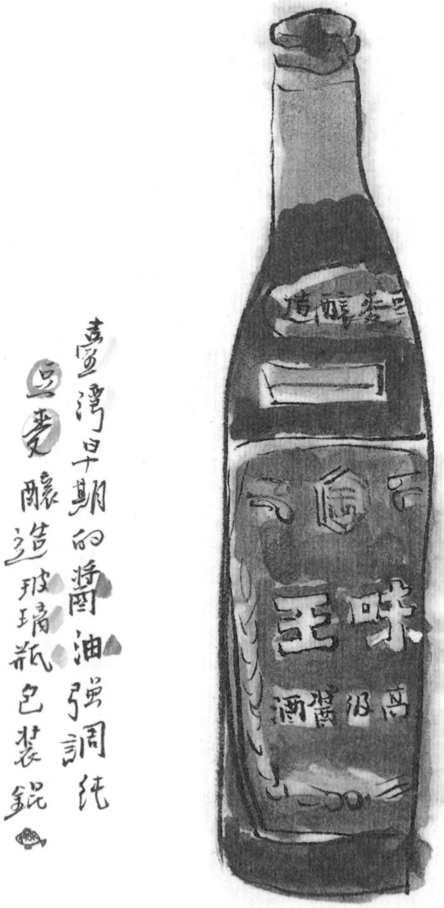
臺灣早期的醬油強調純
豆麥釀造玻璃瓶包裝
味王

大腸包小腸是在臺灣發展出的獨特小吃：糯米腸、香腸分別炭烤，再切開體積較大的糯米腸，夾入香腸，形式有點像美式熱狗。兩種東西都先分別製作，事先蒸煮熟的糯米腸和香腸一起炭烤，供應速度快，很適合發展成中式速食。

蒸過再烤的糯米腸，切開，夾入也是剛烤好的臺式香腸和蒜片，像緊緊相擁的戀人。

灌米腸之前，糯米先浸水兩小時，然後用爆香過的紅蔥頭，加入糯米、胡椒粉、鹽調味，一起拌炒。腸衣須用豬大腸，仔細清洗掉黏液、去油脂，再灌入炒好放涼的糯米。糯米腸先蒸煮備用，再烤熱；利用豬大腸的脂香和彈勁，豐富糯米飯之口感。

此物營業門檻低，一輛攤車即可做生意。全臺夜市皆不乏大腸包小腸，諸如逢甲夜市「官芝霖」、「百膳工坊」、「味珍香」，清大夜市「小洞天」、臺大公館商圈「太學口」……逛夜市或廟會，常見人手一組，當街大啖。可惜大部分商家多用合成腸衣製作糯米腸，令人洩氣。人工合成腸衣用植物膠、牛皮提煉，口感差，成本低，吃一口就意志消沈。

我對米腸最基本的要求是腸衣須採用天然新鮮的豬大腸，如六腳鄉蒜頭市場那老攤，其糯米用花生、肉臊炒過，包覆在脂香中等待，以五香、肉桂調味的香腸，和自醃生薑片，十分美妙。北斗「台灣寶」的大腸包小腸很美，那香腸裡絕大部分是瘦肉，糯米腸亦用心製作。淡水「半坪屋糯米腸」雖無香腸，所製糯米腸卻相當精采，外帶一份，邊吃邊眺望觀音山，和淡水出海口，感動得想唱歌。

香腸中我尤鍾愛臺式口味：用豬後腿肉切丁，以鹽、糖、胡椒粉、肉桂乃至高粱酒調味灌製，風味絕佳。高明的烤香腸除了美味，咬下去還能噴肉汁；獃子才會把香腸烤得乾澀。

德國香腸雖則名氣大，卻難獲吾心；我不敢想像吃德國香腸若缺少了芥末醬、酸菜，如何是好？提姆（Uwe Timm）為德國香腸寫了一部長篇小說，臺灣小說家似乎還欠臺式香腸一個交待。

有人賣大腸包香腸，自作聰明在大腸裡加入酸菜、泡菜、醃薑片、蔥花、蘿蔔乾、小黃瓜絲、花生粉、芫荽，弄得大腸鼓脹，香腸根本無容身之地，咬一口，那些添加物就掉落滿地。那些添加物的味道彼此扞格，完全干擾了大腸和香腸的本味；何況，若天氣稍暖，酸菜和小黃瓜容易腐敗。

尤有甚者是將糯米腸、香腸剪段，加入各種配菜，形式已蕩然無存，又淋上醬汁，如甜辣醬、黑胡椒醬、泰式辣醬、芥末醬、咖哩醬；無論大腸或小腸，口味都已不輕，何必多此一淋？搞得糯米腸、香腸很神經質的樣子。最要緊的是大腸、香腸的合奏，最多加一點醬油膏和大蒜，實不宜亂加賣弄。

世人多以數大量多為美，自然是一種滑稽的審美觀。這關係到食物結構，好比文章，過度修辭徒顯造作。李漁在《閒情偶寄》中揭櫫主腦之說：「作文一篇，定有一篇之主腦，主腦非他，即作者立言之本意也。傳奇亦然，一本戲中，有無數人名，究竟俱屬陪賓，原其初心，止為一人而設；即此一人之身，自始至終，離合悲歡，中具無限情由，無窮關目，究竟俱屬衍文，原其初心，又止為一事而設。此一人一事，即作傳奇之主腦也」。懂裝扮的人不會把歷代祖先的首飾全掛在身上，懂化妝的人也不會把臉塗抹得像要登臺唱大戲。大腸包小腸胡亂添加各種配料，如同是沒頭沒腦。

這種小吃可以坐下來慢慢品嚐，也不妨邊走邊吃。我很喜歡可以邊走邊吃的東西，只要不在意吃相，莫在意別人不屑的眼光，總是帶著快意江湖的豪爽感。

大腸包小腸可能發源於南部，臺北較晚才見到。我的大腸包小腸在高雄市啟蒙，總覺得南部的比北部好吃，像高雄市重慶街二六九號騎樓前那攤糯米腸就頗有滋味。高雄醫學院附近，保安宮前「新大港」亦採用新鮮豬大腸製作，攤前聚集了許多食客的摩托車，串串香腸垂掛在竹竿上，攤上那兩座巨型抽油煙機仍無法阻止陣陣的燒烤白煙，彷彿呼應著廟口裊裊的爐煙，商家個個戴著斗笠、口罩、袖套，不斷翻烤，應付總是排隊的人群。

吃大腸包小腸最理想的地點是大自然，公園也不錯。我求學的三民國中和高雄醫學院隔了一條水溝為鄰，當時廟口那攤大腸包小腸尚未出現，在懵懂的少年時代，似乎很苦悶又不明白苦悶為何，很孤獨卻仍不喜歡孤獨；每天看隔壁的大學生男男女女在校園裡散步徜徉，覺得讀大學等於是在公園裡談戀愛，遂立志要上大學。

新大港

地址：高雄市三民區十全一路、孝順街口（保安宮前）

電話：07-3222711

營業時間：14:00-19:30

蒜頭市場大腸包香腸

地址：嘉義縣六腳鄉蒜頭村188號

台灣寶

地址：彰化縣北斗鎮宮後街14號（中華電信斜對面，近中華路）

電話：04-8877307

營業時間：11:00-21:00，週一休息

燒肉粽

中學時，每天深夜都有一個阿伯騎單車穿梭街巷叫賣粽子，那聲音特別容易召喚飢餓感，陪伴我幾年的夜讀時光。後來，我家對面的九如路上開了一間粽子專賣店，以郭金發為號召，好像就是他開設的，店裡不停地播放他唱紅的〈燒肉粽〉：「自悲自歎歹命人，父母本來真疼痛，乎阮讀書幾落冬，出業頭路無半項，暫時來賣燒肉粽……」歌調低沈悲鬱，訴說著生活的艱困，也自我勉勵。

我讀大學時，有一位哲學研究所的好朋友阿木愛唱這首歌，每次都緊緊眉頭唱給大家聽，我常戲呼他「苦命哲學家」。失聯多年，苦命哲學家現今在何處？

粽子源於祭祀，稱為「角黍」，用黍包裹成牛角狀，以象徵牲禮為牛，古籍記載起源有多種：祭屈原，祭天神，祭獬豸（先秦楚人崇拜的一種獨角神獸），祭祖，祭鬼，祭龍。其中以祭祀神靈、祖先較為可信。目前流行的祭屈原說，源自吳均《續齊諧記》：「屈原以五月五日投汨羅而死，楚人哀之，每至此日以竹筒貯米投水祭之。漢建武中，長沙歐回白日忽見一士人自稱三閭大夫，謂回曰：君常見祭，甚善。但常所遺苦為蛟龍所竊。仍若有惠，可以楝樹葉塞其上，以五彩絲縛之。此二物蛟龍所憚也。回依其言。世人五日作粽並帶五色絲及楝葉，皆汨羅遺風也」」。

一粒粽子，包藏了世世代代華人的血盟記憶，和文化想像。我不敢想像，如果沒有粽子，還剩下多少人知道屈原？詩與粽子的關連如此緊密，詩人節改成粽子節料想不太有人反對。

唐宋時，粽子的外形有菱粽、錘粽、錐粽、百索粽、益智粽、九子粽。如今這些粽子的裹法多已失傳，只剩下三角形、包袱形、駝形幾種。

臺灣人包粽子通常使用兩片粽葉，葉片重疊，在手掌中凹成漏斗狀，放進米和餡料，整平，嚴密裹起粽葉，再整平，綁繩子，纏繞粽繩的鬆緊度繫乎經驗和巧手。水煮粽子時需預留膨脹的空間，因此繩子不能綁太緊，也不能太鬆，像初戀時握著對方的手，柔軟而堅定。

糯米吸收了粽葉的清香，散發令人難以抗拒的魅力。一般粽葉採用青綠色的麻竹葉，或黃褐色的桂竹筍殼鞘；南粽多採用前者，北粽則習慣用後者。無論使用何種粽葉，粽葉使用前須先煮過，再清理乾淨。

臺灣的粽子可粗分為南北兩派，南部粽包好生米和餡料入鍋水煮，北部粽則先炒好米再蒸熟。南粽以臺南為尊，北粽以客家庄為代表。公館「藍家割包」的肉粽，綜合了南北特色，南米北炒，其實勝過其招牌割包，我尤其欣賞他們的粽子不淋蘸醬。

粽子是完整而自足的味覺個體，實在不需依賴蘸醬，我吃粽子素不喜蘸醬油露，尤其厭惡甜辣醬，再可口的粽子只要蘸上甜辣醬就令我反胃。

唐魯孫曾追憶臺南「吉仔肉粽」，譽為臺灣小吃中的雋品，我不曾經驗，恐怕此粽已不復存在。食粽數十年，我猶原偏愛臺南粽。湖州粽講究又鬆又爛，素非我喜愛。

現在南部粽的基本元素不外乎豬肉、香菇、花生、鹹蛋黃，如臺南「阿伯肉粽」選用長糯米，先浸泡，包之前再用滷肉汁拌炒。阿伯肉粽原先在舊體育館旁邊擺攤，招牌上註明「體育館阿伯肉粽」，體育館拆遷後，先移至友愛街、永福路口，再搬到現址，已經營超過半世紀。

我還是中學生時，即耳聞「再發號」聲名，曾專程搭火車到臺南吃肉粽。「再發號」亦選用長糯米，卻不浸泡，已經營一百三十幾年了，可謂臺灣最響亮的肉粽招牌。臺南肉粽本來就碩大，再發號研發的「海鮮八寶肉粽」每粒重達十四兩，很適合我這種飯桶。其餡料包括干貝、蝦米、香菇、栗子、扁魚酥、肉臊、鹹鴨蛋黃、瘦肉，內層裹以煮過的舊粽葉，使粽葉不黏糯米；外層則以兩張生桂竹葉封鎖香味。再發號距國家臺灣文學館很近，不知李瑞騰去當館長後是否常去品嚐？

在臺北，我常去買粽子吃的地方是八德路的「王記」和復興南路的「古厝」，兩者都屬南部粽，「古厝」肉粽的內餡即是標準南部作法：一大塊瘦肉，和香菇、鹹蛋黃，優點是米飯軟中略帶彈勁，坐在店裡吃粽，搭配一碗竹筍排骨湯（夏天）、蘿蔔排骨湯（冬天），或虱目魚丸湯都頗有意思。此外，該店的「鹽水意麵」、「鹽水米糕」和「臺南碗粿」都有不俗的表現。

「王記」是南部粽在臺北發揚的典型，已有多家分店。其糯米煮得軟綿，餡料更夥：一塊五花肉，一朵香菇，一粒栗子，和蛋黃、花生、蝦米。其蘸醬晶瑩，略顯透明感。我歡喜店家無限量供應的花生粉，有時吃菜粽，加一點蒜泥和店家特調的辣油，再撒上一層厚厚的花生粉，喫一碗大骨熬煮的蘿蔔魚丸湯，痛快淋漓。每年端午，「二魚文化」總是採買王記的肉粽送同事應景，佳節吃粽，常懷念離職的同事像巫維珍、鄭雅文、莊凱婷……祝福她們事事順遂。

粽子之味以米飯掛帥，蒸煮的火候存乎經驗，品質差的往往外表煮爛了，裡面還有未全熟的米粒。此外，有人常大量添加餡料，搞得米飯淪為點綴，實不足為訓。吾人皆知奢華不等於美，粽子的性格樸素，拚盡全力把想得到的山珍海味往裡面塞，實在很三八。

北部客家庄的粽子就很素樸，基本元素包括蘿蔔乾、紅蔥頭、絞肉和蝦米，常見的客家粽除了鹹粽，另有粄粽和鹼粽。粄粽使用圓糯米和蓬萊米製成粄漿，包的時候粽葉上須抹上沙拉油。鹼粽則蘸蜂蜜或果糖吃。這跟北京人家吃甜粽相似：吃粽永遠蘸白糖或糖稀，他們認為粽子吃鹹的，簡直不可思議。

三義「九鼎軒」的客家粽幾乎和我岳母所製完全一致。在高速公路經過三義，有時會下交流道進去買。九鼎軒開設於一九一八年，原先是三義第一家木雕店，現在的老闆吳裕民引進複合式經營概念，除了自己從事雕刻創作，兼賣客家米食。依我看，吳太太主持客家米食的名氣遠勝於木雕藝品。

這家店的艾草粿也很有吃頭，有一次我買了一些回家，老婆咬了一口，還沒吞進去就說：「我娘作的好吃多了」。岳母所製艾草粿誠屬佳構，人家九鼎軒的也不差，也是照規矩用艾草製作，非世俗以艾草粉取代。我老婆雖然孝心可嘉，卻不能抹殺人家九鼎軒的作品。

我的食粽史連接著芒果，吃完粽子常會升起一股吃土芒果的欲望。臺灣的燒肉粽之所以特別迷人，部分原因是連接著土芒果，天下無雙的芒果滋味。

我大姨、三姨擅長包粽子，阿姨很疼我，每年端午節，她們總會包粽子給我吃，數十年如一日，即使我已經是半百老翁了，依然每年吃她們親手包的肉粽。大姨和三姨的肉粽口味幾乎完全相同，餡料就是五花肉、香菇、花生、鹹蛋黃，在我心目中，她們包的粽子天下第一。

再發號肉粽店

地址：臺南市中西區民權路二段71號
電話：06-2223577
營業時間：09:00-20:30

阿伯肉粽

地址：臺南市中西區友愛街91號
電話：06-2265307
營業時間：09:00-20:00

王記府城肉粽

地址：臺北市松山區八德路二段374號
電話：02-2775-4032
營業時間：10:00-03:00

古厝肉粽

地址：臺北市大安區復興南路二段17號
電話：02-27041915
營業時間：11:30-22:00

碗粿

碗粿的滋味是台灣古早味的童年記憶，重辰春月秋冬華麗居味嘗

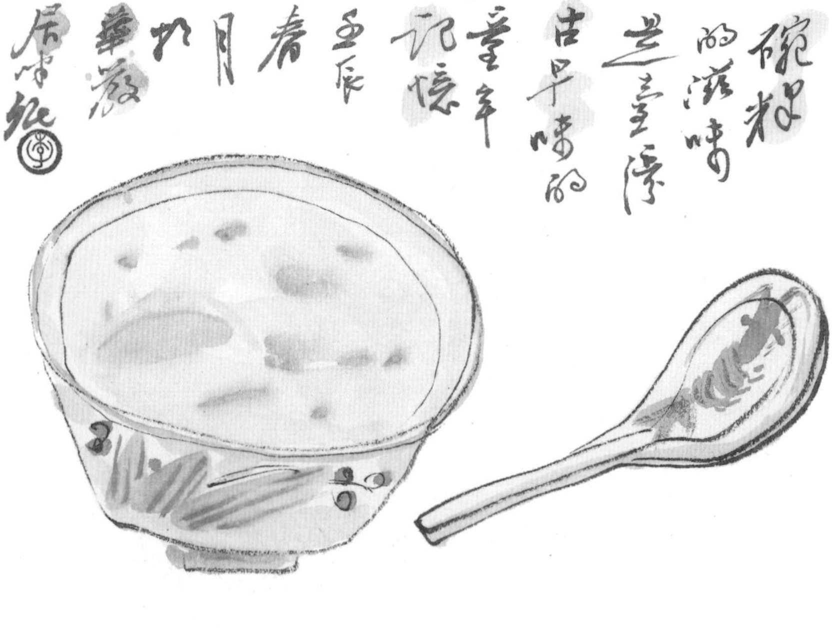

碗粿是流行於臺灣的米食小吃，製作時先用在來米（秈米）磨成漿，拌勻米漿呈厚糊狀，或稀或稠，糊化程度決定口感。米漿必須攪勻，以免成品軟硬不均。接著，將炒過的餡料放在碗裡，注入米漿，進蒸籠炊十五～二十分鐘左右即熟，食用前淋上米醬膏。

判斷碗粿炊熟與否，可觀察中央表面，若略呈內凹狀者，才是成熟，也才不會顯得糊爛。常見的餡料包括：滷蛋或白煮蛋、香菇、豬肉塊、蝦米、蝦仁、蘿蔔乾、鹹蛋黃、豬肝；先煸炒蘿蔔乾，再爆香紅蔥頭，續炒肉片、香菇，加入醬油、糖、白胡椒粉、米酒調味。

淋在碗粿上的米醬膏，各家不同，大抵多用醬油膏調製，再添加蒜泥或辣醬，西螺「琴連碗粿城」的獨門米醬膏，則用糯米、蓬萊米、豆腐乳炒製調成。

臺灣人吃碗粿多不約而同地，先用叉子或竹籤在表面上劃十字或米字形，再插進碗和粿之間劃一圈，以令米醬流入，也方便食用。

好吃的碗粿首先表現出米香，軟嫩中暗藏彈勁，這要用一年以上的舊秈米製作米漿，準確掌握水、米的比例。舊秈米的收水性強，口感紮實富彈性；像臺南「富盛號」、「小南」，麻豆「裕益碗粿王」，莫非如此；也有人用糙米製作，如臺南「蔡家」。「琴連碗粿城」甚至選用存放兩三年的秈米，當天研磨成漿當天炊製。

大凡美味都不會忽略細節，好吃的碗粿從選米、研磨、餡料、調味到炊蒸，每一步驟皆講究，如此才能表現碗粿美學：香郁，柔軟而糗彈，滑嫩，綿密，米香飽滿。

臺灣的碗粿南北不同，北部碗粿外觀皎白；南部碗粿在製作之初，米漿添入肉臊和醬汁，呈現明顯的暗沈醬色。南粿以臺南為尊，臺南碗粿總不乏大塊瘦肉、鹹蛋黃、蝦仁、油蔥，食用前再澆淋上米醬和肉臊，諸如麻豆「裕益」、「阿蘭」、「金龍」、「助仔」，以及臺南市府前路「小南」、小城隍廟旁「鄭記」和夏林路「小西腳」都是老品牌。小南與鄭記系出同源，兄弟分家，親情分開了，味道卻不容易分開。

碗粿是道地的臺南滋味，很多店家就打著臺南招牌，如臺北市寧夏夜市口「鄭記臺南碗粿、虱目魚羹」，龍山寺附近也有一家「臺南鄭記碗粿」，其實都非「小南鄭記」的分身；臺南鄭記碗粿在臺北並無分店。

臺北碗粿我最欣賞永樂市場口「通伯臺南碗粿」，往往是中午從學校駕車回家，飛馳在高速公路上，腦海裡浮現碗粿那迷人的身影，遂繞到那裡午餐。通伯亦選用存放三年的老秈米磨製米漿，成品彈牙可口，入嘴時唇齒間跳動著米香。獨自走進人影晃動的店裡，碗粿快速端出來又消失，常常想念一起吃的人。

彰化市「杉行碗粿」創立於一九七二年，起初是流動攤販，郭清標、楊碧緞夫婦各推一輛手推車，兜售於大街小巷。是成功路、長壽街口的鄭姓木材行老闆看他們每天經過店外，覺得他們做生意老實又辛苦，遂主動邀請他們在店前擺攤，不收分文租金。郭氏夫婦為了感恩，遂訂製兩塊木板招牌，叫「杉行碗粿」。我在店裡吃碗粿，看到牆上掛著放大的老照片，屋瓦下簡陋的木板招牌，摩托車，攤車，汽車，似乎敘述著感動人心的故事。

楊碧緞女士是嘉義人，她大姊就是賣碗粿營生，耳濡目染，自然習得製碗粿的功夫；這麼多年來，夫妻同心協力，認真操持，口味不斷提昇。他們所製的米醬用在來米磨製，添加地瓜粉，分蒜蓉、芝麻兩種，尤以芝麻醬為佳。杉行的香菇碗粿屬北部風格，滑嫩中帶著彈勁，米香清楚，肉餡碩大飽實，實屬傑作。

麻豆中央市場大門口那家「助仔碗粿」最能表現簡單質樸之美，創始人李助八歲就提著母親炊製的碗粿沿街叫賣，至今已是第三代在經營。現在臺灣已無人挑擔販賣這種小吃了。那碗粿的叫賣聲，存在我少年時代的深夜中，由遠而近，又漸漸遠去，像一切美好的經驗。

我尊敬清早即營業的店家，「助仔碗粿」、「杉行碗粿」六點即開始營業，遺憾臺北不見這麼有社會責任感的店家。臺南新忠義路、友愛街口的「阿全碗粿」也是早晨七點即開賣啊。

對臺灣人來講，碗粿有一種親切的表情。

無論碗粿的餡料、米醬如何變化，無論南北味道殊異，總是用一圓形的陶碗盛裝著，保溫又透氣，在臺灣小吃中形象非常鮮明，那圓形的外觀，象徵圓滿。

助仔碗粿

地址：臺南市麻豆區中央市場大門口三角窗

電話：06-5720883

營業時間：06:00-12:30

富盛號

地址：臺南市中西區西門路二段333巷8號

電話：06-2274101

營業時間：07:00-17:00

小南碗粿

地址：臺南市中西區府前路二段140號

電話：06-2243136

營業時間：08:30-19:00

杉行碗粿

地址：彰化縣彰化市成功路312號

電話：04-7260380

營業時間：06:00-18:00

通伯臺南碗粿

地址：臺北市大同區南京西路233巷19號（永樂市場口）

電話：02-25556092

營業時間：10:20-19:00，週日店休

糕渣

美食
平民
懷舊
古早味
是先民
味糕渣
臺灣肚
瓶

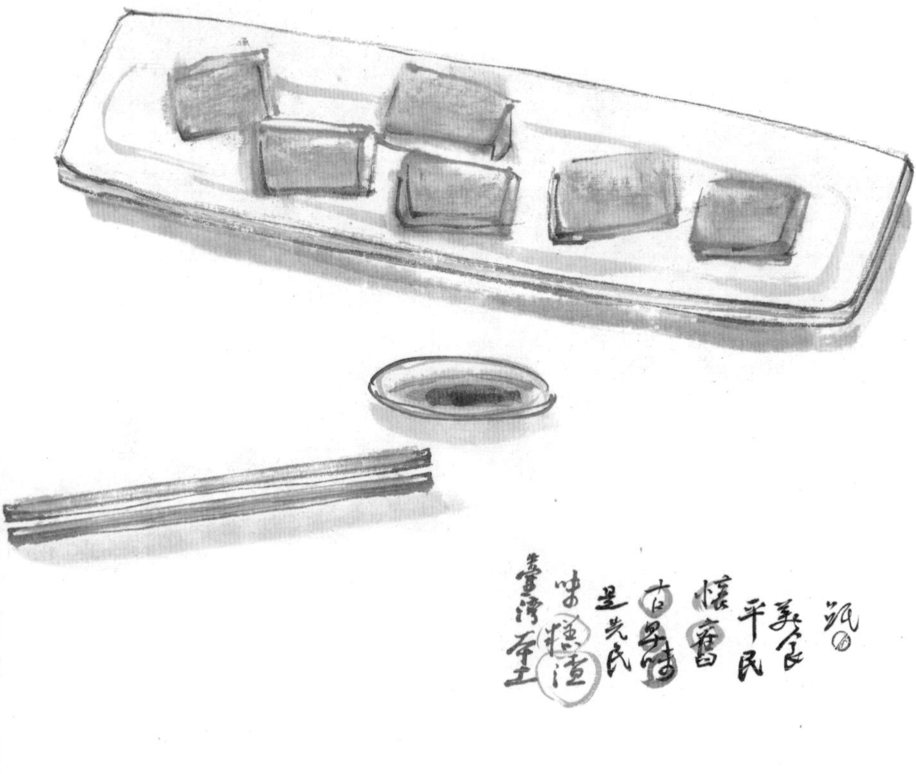

糕渣又名「糕炸」，這種宜蘭風味小吃，口感似米製品，其實是將剁碎的雞肉、豬肉、蝦仁用雞湯熬煮二十四小時成漿，濾清後加入玉米粉、太白粉、蛋，以小火續煮，邊煮邊攪拌至泥狀，倒進抹過豬油的模子中，冷卻後切塊，裹粉油炸；材料平凡，做工講究。如今需求量大，供應商、店家已不可能像從前那樣繁複地製作。幸虧有調理機先將肉類絞碎成肉泥，再攪勻高湯等其它材料，製為膠狀粉漿。

糕渣可謂一種凝固的高湯，或是泥狀的蘿蔔糕，外酥內泥是它的美學形式：表層有一點點酥，裡面細而綿，口感像年糕，又似帶著肉味的嫩豆腐。

從前，糕渣乃節慶、宴客點心，以宜蘭為尊，餐館、路邊攤都吃得到，羅東夜市「小春三星卜肉」即是老字號攤販，兼賣鹽酥雞、炸里脊肉條。離開宜蘭，難覓此味；除非是宜蘭菜專賣店如臺北「喫飯食堂」、「呂桑食堂」。

有些臺式日本料理店亦供應糕渣，是日本餐館所無。羅東「八味」口式料理屋前身為「合河料理屋」、「丸八」，原為日本人經營，太平洋戰爭結束後才由臺灣人買下，其招牌菜糕渣油炸後，呈白色的麵衣宛如裹了一層糖霜，搭配海帶和香菜；膏糊混合了蛋白，口感鮮嫩綿密。

宜蘭「渡小月」、汐止「食養山房」給糕渣一種時尚感，渡小月的糕渣切得較大塊，盤中有醬汁、蘿蔔泥，肉餡中有蝦仁，並飾以三彩甜椒絲。

食養山房一向賦予宜蘭菜日本料理的套餐形式，我覺得這是全球最好的餐館之一，它的用餐情境令人滌盡俗慮，它營造的氛圍令天地靜好，它的食物表現簡單之美。我懷念和好朋友一起在食養山房吃糕渣，劉鑑銓、蕭依釗、曾毓林、陳思和、廖炳惠、常玉慧、曾啟瑞……當我書寫這些人名，覺得他們給了糕渣一種珍惜的意思。

金黃色的糕渣，看似溫和，裡面的膏糊卻極燙嘴，因而常被轉喻成宜蘭人「外冷內熱」的性情。真是令人為難的小吃，一定要趁熱吃才美；然則外溫內燙，初嚐的人易燙傷舌頭。

果然如此，則糕渣意蘊深厚，它提醒我們，熱情若那麼滾燙，難免令人卻步。我們通過轉喻，它彷彿內心深處的吶喊，有一點點拘謹，流動著壓抑的基調。冷，並非傲慢或孤僻；多半是木訥，質樸，拙於言詞，卻澎湃著渴望。

我認為糕渣是熱水瓶式的美學風格，冷與熱所形成的對比，存在著矛盾和悖論；它是一種邊緣情境，如愛情的誘惑與困惑，如理性與感性，如禁忌與自由。生命中不免常遭遇類似兩難的情境，外面的世界雖然冰冷無情，內心卻點燃著溫暖的火光，含蓄而堅忍。

糕渣的故事，是節儉惜物的意思。它源於經濟貧困的年代。起初，宴席結束後，留下一些雞肉、豬肉、蝦等「菜尾」，先民將這些殘羹冷炙混合太白粉、玉米粉，熬煮成膠狀，再裹粉油炸，竟變身為另一種食物。

因為儉省，糕渣又表現為一種「化作春泥更護花」的意志。暗示寒冷中的溫暖，無奈中蘊涵著深情。糕渣似乎告訴我們：不要盯著那鍋菜尾嘆息，要懂得珍惜。正如雪萊名詩〈致——〉所歌詠：

玫瑰花已凋萎，
落英鋪成戀人的床幃；
當你離去，對你的思念已萌，
是愛情枕著思念入夢。

Rose leaves, when the rose is dead,
Are heaped for the beloved bed;
And so thy thoughts, when thou art gone,
Love itself shall slumber on.

凝視一盤外表冷靜的糕渣，裡面有忍不住的衝動，像迫不及待的詢問；那滾燙的內餡有似曾相識的滋味。已經不一樣了啊容貌。

準此，則糕渣帶著戲劇性，它的變身演出離散之後的重逢，經歷了風雨變故之後的重逢。畢竟良辰麗景易逝，良友知己易散，它似乎祈願一切美好的都能長久，壓抑著滾燙，訴說挽留。

渡小月
地址：宜蘭縣宜蘭市復興路三段58號
電話：03-9324414
營業時間：12:00-14:00, 17:00-21:00

小春三星卜肉
地址：宜蘭縣羅東鎮民權路羅東夜市內1109攤
電話：0937-454218
營業時間：18:00-01:00

八味料理屋
地址：宜蘭縣羅東鎮四育路151號（羅東高中斜對面）
電話：03-9613468, 9613469
營業時間：11:30-14:00, 17:30-21:00

食養山房
地址：新北市汐止區汐萬路三段350巷7號
電話：02-28620078, 26462266
營業時間：12:00-15:00, 18:00-21:00，週一店休

呂桑食堂
地址：臺北市大安區永康街12-5號
電話：02-23513323
營業時間：11:30-14:00, 17:00-21:30

潤餅

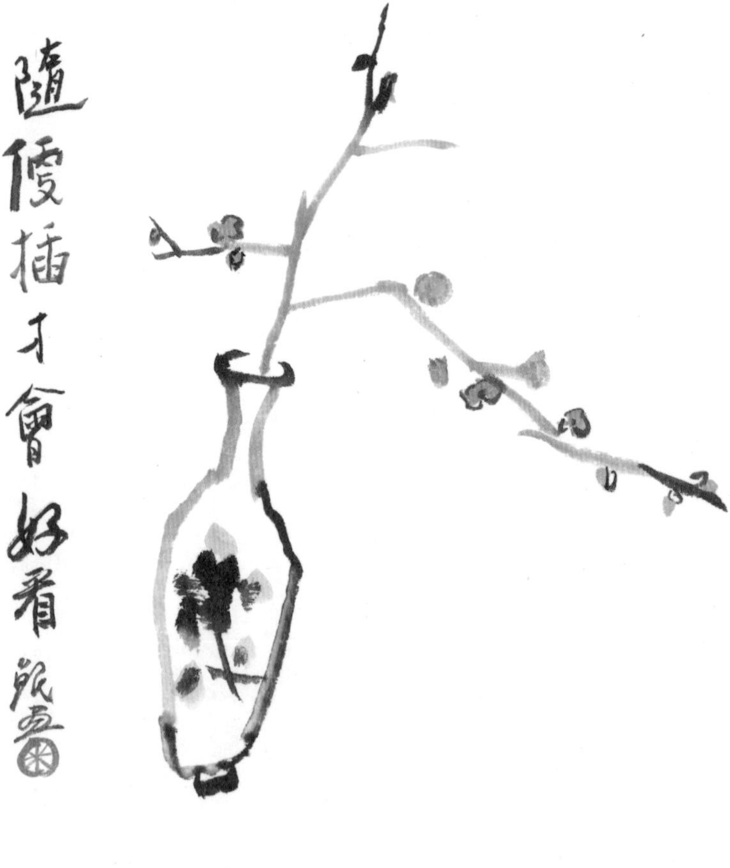

潤餅，又稱潤餅捲，廈門稱「薄餅」，金門稱「七餅」、「擦餅」，堪稱春捲的變貌，源自閩南，流行於臺灣。這是清明節的應景食物，以餅皮包裹多種時蔬吃；唐宋時春天有吃春盤風俗，清明吃潤餅則是明清時代才發展起來的食俗。

餅皮以薄為佳，臺灣傳統市場常見的餅皮是麵粉和水，攪打成麵糰，販者手抓麵糰打圓，溜溜球般，在一塊平圓的鐵皮上輕拭一圈，旋即烙乾成薄如紙張的餅皮，烙好的餅皮折成扇形待沽；餅皮邊緣呈現不規則的疙瘩孔，像好看的蕾絲。皮雖薄，卻不乏韌度和彈勁；有些業者會變換餅皮，如新竹北門街「老街刈包潤餅專賣店」用全麥餅皮。

一般人都購買現成的餅皮，回家自備餡料，包餡而食。較講究的人家不下十幾種餡料，除了帶辛味的蔥、芹、蒜切末，其它皆切絲；切工尚細，金門俗諺：「粗人無倘切七餅菜」，意謂粗魯的手無法細切潤餅菜。潤餅主料是春天的蔬菜，諸如胡蘿蔔絲、高麗菜絲、小黃瓜絲、香菇絲、蛋絲、豆乾絲，都分類切妥，分別用豬油炒過；另有豬肉絲、雞肉絲、蝦仁、烏魚子，及豆芽、芹菜末、冬筍、蘿蔔乾、芫荽、蔥末、酸菜等等。輔料則是花生粉、糖粉。

臺灣潤餅的餡料較接近泉州，所有的菜都分別切、炒；廈門薄餅則將材料一起燴炒，包裹前先在餅皮上墊一層虎苔。內容也頗為不同，如廈門薄餅會加入海蠣乾；高雄、臺南則加入皇帝豆。潤餅在臺灣高度發展，也有人加入滷肉、炸雞、冰淇淋作主料，輔料甚至加進千島醬、沙沙醬、甜辣醬。

然則這個醬那個醬，徒增干擾；潤餅之美亦毋需過度調味，油和鹽皆不宜多，盡量炒得乾一點。我欣賞的內餡是春蔬須挽留住原味，表現出清淡甘鮮。

各種食材都分盤裝盛，供食者自取，包以餅皮，握而食之，成為握在手中的雜燴菜，形式上又彷彿西式自助餐buffet。蔬菜有紅有白有綠有褐，顏色繽紛；口感亦多元，豆芽、冬筍、小黃瓜的脆，香菇、芫荽的香，蔥、蒜、芹的辛，酸菜的酸，以及蝦、蠣的鮮味，肉的脂味，眾味俱陳，酸鹼平衡，一入口，即能瞬間滿足吾人的味蕾各區域。

備料豐儉隨人，吃時又變化無窮，帶著即興、創作意涵：每人都自挑餡料，自己拿捏花生粉和糖粉的分量，自包自食。由於餡料具雜膾性質，不同的組合遂激盪出相異的味道。食者根據自己對菜餚的理解，和對組合味道的審美觀，重新創造出嶄新的食品，不僅每個人吃法不同，每一次的創造也都不同。

包裹之前，蔬菜要先濾去水分。粗糙的店家往往只汆過蔬菜，不僅乏香，那蔬菜未濾水分，濕淋淋地泥著糖粉和花生粉，剛拿在手裡，餅皮已濕破，一付落魄的樣子。

潤餅起源於祭祀，無論鬼神或人都愛吃。如今已去儀式化，成為隨時可嚐的美食，從高檔臺菜餐館到小吃店、攤販都有販售。我服膺的商家包括桃園市「健民潤餅」、新竹市城隍廟前「元祖郭家潤餅」、臺南市永樂市場旁「金得春捲」。「健民潤餅」以咖哩滷蘿蔔絲，選用鴨蛋炸蛋酥，紅燒肉則用豬頸肉，並強調不加糖的粗粒花生粉；「郭家潤餅」是百年老攤，餅皮香而飽滿彈勁；「金得春捲」一卷使用三張麵皮，十幾種配料，外形碩大豪奢，最大特色是包好後以高溫乾煎，既封口又令餅皮酥脆。

坊間美味的潤餅多矣，不過還是在家自製最贊。吃潤餅的時節，多是全家人在一起的時候，而且鮮少請外人參加。這世間，像潤餅這樣闔家合力張羅、團圓分享的食物並不多，它總是串連著家族記憶和親情，很多誤會因而冰釋，很多家人在一卷潤餅中團聚。

健民潤餅

地址：桃園市民權路104號（金園戲院旁）

電話：(03)3324313

營業時間：09:00-21:00，每月第二、四週的星期二休息

郭家潤餅

地址：新竹市城隍廟邊19號

電話：03-5222285

營業時間：08:00-21:00

金得春捲

地址：臺南市中西區民族路三段19號

電話：06-2285397

營業時間：08:00-18:00

台南美食
金生春捲
金生春捲
每捲30元

巨峰葡萄

紅葡萄
一盤的
夜身
上飛上
饒的風
字

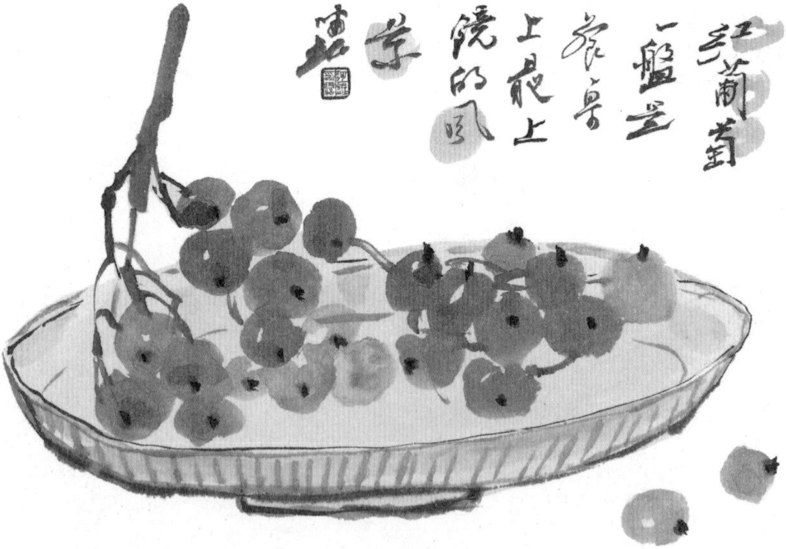

巨峰葡萄是日本人所培育。一九三七年，日本農學者大井上康將日本岡山縣的「石原早生」和外國葡萄交配，培育出這種色澤深紫、外形碩大、果粒圓潤、甜度高、彈性佳、果肉飽滿厚實的混血種。除了日本，美國加州，智利，新疆也都有出產；臺灣是六〇年代自日本引進，主要產地在彰化縣大村鄉、溪湖鎮、埔心鄉，和苗栗縣卓蘭鎮、南投縣信義鄉、臺中縣新社鄉。

大村鄉約有五百甲葡萄園，由於氣候溫暖乾燥，土質鬆軟而肥沃，適合葡萄生長。大村鄉巨峰葡萄的主要栽種地分布於過溝、南勢、加錫、茄苳、貢旗、田洋等村。「陳家果園」所植巨峰葡萄是喝牛奶長大的：用回收的豆漿、牛奶、羊奶、優酪乳灌溉，以補充葡萄樹的營養。葡萄樹那麼會生產，確實需要好好地補充營養。南勢村「奈米休閒農場」用巨峰葡萄製作九重粿，還餵土雞吃葡萄，號稱「葡萄雞」。

「甜美果園」裡有兩株號稱是全臺最高壽的巨峰葡萄樹，種於一九六四年，樹莖粗壯，它們在過溝村開枝散葉，子嗣綿延遍及彰化、臺中、南投，據說年輕時生育過多，現在雖則還能開花結果，卻已是年邁體衰；這兩株巨峰葡萄的母欉，徹底改變了地方產業生態。

沒有任何水果能像葡萄，如此深入人類文化的核心。似乎葡萄園都有自己的故事，像彰化縣埔心鄉「古月農場」的葡萄藤下，有上百隻雞、鴨、鵝和火雞巡迴啄蟲食草，令葡萄園和飼養的雞鴨鵝共棲共榮。臺中縣新社鄉「白毛台」海拔約六百米，其冬果生長期日夜溫差常達15℃以上，也是用有機肥液、牛奶、黃豆粕、米糠、益菌一起發酵施肥。

整個彰化縣可謂臺灣最重要的葡萄產地，種植面積佔臺灣葡萄園44%，意即臺灣每兩顆葡萄就有一顆產自彰化。我很難想像那個番薯囝仔沒吃過巨峰葡萄？從小吃到大，只覺得它好吃，理所當然地美味；直到廣泛涉獵養生飲膳的資料，才知道它是多麼有益人體。

葡萄有一種天然的聚合苯酚物質，能結合病毒或細菌蛋白質，令其失去致病力；葡萄中的白藜蘆醇化合物質，可阻止正常細胞癌突變，並抑制癌細胞擴散。此外，還能防治動脈粥樣硬化、惡性貧血，和消除疲勞、興奮大腦等等。

臺灣消費者越來越重視食物的安全健康，果農對品質的自覺意識遂相對提升，許多葡萄也套了袋，農藥殘留量日益降低。我整箱購買後，就用報紙分串包裹，再套上塑膠袋放進冰箱冷藏，吃的時候用水逐顆清洗便可連著皮一起下肚，不必像從前那樣神經兮兮地用力搓洗，往往磨破了葡萄皮。

至於浸泡鹽水，並無滌除農藥之效，反而會造成軟果，不足為訓。葡萄皮上的果粉，常被誤會成骯髒塵垢或農藥，其實那是好東西，帶著健康的暗示。倒是挑選時要挑無腐爛、無蟲害者，也要選無藥斑、無脫粒的葡萄。

巨峰葡萄是鮮食的葡萄，不適合釀酒，二林鎮盛產的「金香」、「黑后」，可能是目前臺灣最適合釀酒的兩種葡萄，前者用來釀白葡萄酒，後者用來釀紅葡萄酒。尤其是金香，我很歡喜的樹生酒莊「冰釀甜酒」即是用金香白葡萄釀造，酒色呈淡金，酒質輕淡，甜度不高；另一款「金香白葡萄酒」經不鏽鋼儲存槽七個月熟成，酒色淡黃略帶青綠，清香優雅，溫和平順。

二林鎮內有六十幾間酒莊，已發展成臺灣的酒鄉，假以時日，極有潛力躍上國際舞臺。臺灣開放民間釀酒後，農村酒莊迅速成長，短短幾年已有可觀的初步成績，正式宣告釀酒工業起跑。這些農村酒莊多在山水明媚的地方，它們除了年輕、充滿追求的活力和可塑性，還有一種共同的趨勢：結合休閒旅遊。

溪湖鎮號稱「羊葡小鎮」，意為盛產羊肉爐和葡萄，我曾在溪湖「百豐酒莊」品飲其得獎作品「經典頂級紅酒」；也曾在「楊仔頭羊肉店」大啖全羊席時，東道主鄭重拿出這款紅葡萄酒待客，可見本土的葡萄美酒已深入彰化人的日常生活。

日前幾個香港美食家來臺北，大家聚會於中和的餐館，老闆拿出私釀葡萄酒待客，喝了一口，朋友們同聲驚呼：是的，就是我們小時候喝過的私釀葡萄酒。這種葡萄酒已成為我們這些中年人的集體記憶，在夏天，葡萄盛產時，洗淨玻璃瓶罐和葡萄，拭淨風乾，一層葡萄一層砂糖，九分滿時封存，待過年時開封品飲。那種葡萄酒自然甚甜，甜得很適合還不懂葡萄酒的臺灣人；那些釀酒後的葡萄殘渣成為零食，足以醉倒每一個孩子。

我自幼失怙，寄養在大阿姨家，有一個風狂雨暴的颱風夜，幫助大人將洗淨的葡萄擠進玻璃罐裡，等待過年時享受私釀葡萄酒的滋味。我一生都會記得那滋味，如何安慰一個憂鬱的孩子。

臺灣的巨峰葡萄年可兩收，夏果盛產期在六月～七月，到九月還吃得到；冬果的盛產期是十二月～一月，十一月就有，二月還有得吃。巨峰葡萄的身影漸去漸遠，我像等候戀人般等待重逢。

陳家果園

地址：彰化縣大村鄉貢旗村大崙路6-21號

電話：04-8532805, 0933-191908

甜美果園

地址：彰化縣大村鄉中正西路256號之2

電話：04-8524766, 0932-544380

奈米休閒農場

地址：彰化縣大村鄉南二橫巷8號

電話：0919-327075, 0933-580427

古月農場

地址：彰化縣埔心鄉油車村忠義北路

電話：04-8296928, 0921-357369

百豐酒莊

地址：彰化縣溪湖鎮員鹿路二段307號

電話：04-8613639, 8321093

蜜紅葡萄

李昂宅配來一箱「路葡萄隧道農場」的蜜紅葡萄，猛然醒悟，啊，蜜紅葡萄開始採收了。

這種由「金香」葡萄接種改良而來的混血兒外形渾圓，果粒大，色澤豔紅，表皮有均勻的果粉。果肉比巨峰葡萄、黃金葡萄都更細嫩多汁，香氣更濃郁，帶著獨特的蜂蜜風味，餘韻中還透露輕淡的白蘭地香，相當迷人，堪稱臺灣葡萄中的逸品。

蜂蜜真是好東西，水果有了它的氣味，彷彿就有了另一番境界。柏拉圖襁褓時，有一天被母親放在香桃木叢中，蜜蜂適時來了，它們把從山上花朵採來的蜜，塗在嬰孩的嘴唇上，圍著他嗡嗡叫著。很多人認為這是一則預言，表示這位希臘哲學家將有神奇的口才。

可惜蜜紅照顧不易，易掉果、裂果，產量少，栽培技術門檻高，種植面積遠不如巨峰葡萄，也相對不耐久放，不堪長途運送。由於生長時有套袋管理，因此只要以清水沖洗即可享用，我覺得冰鎮後風味絕佳。蜜紅葡萄還有一種流暢感，吃的時候不像美國加州葡萄需費心剝皮，只要輕輕一擠，香甜多汁的蜜紅葡萄即溜入嘴裡。

鮮食葡萄是臺灣重要的經濟果樹，以內銷為主，「巨峰」葡萄幾乎是一統江湖了，約佔97%，一年兩收。巨峰的夏果期在六月～八月，屬正產期；冬果在十一月～翌年二月。不過部分果農調節產期，並以塑膠布防寒，現在臺灣全年都能生產葡萄。

我讀資料知道，蜜紅葡萄是八〇年代初期才由中興大學研究團隊引進，試作，一九九〇年開始在大村、埔心、溪湖、信義，新社、石岡、東勢及卓蘭等鄉鎮試種，起初，農民不了解其生育特性，無法達到經濟栽培之目標，致許多農戶將蜜紅葡萄砍除改種巨峰葡萄。蜜紅葡萄之新梢生長勢強，枝徑粗大，葉形大而厚，葉色濃綠，果穗上著果粒不平均，果粒含種子數不均勻，果粒大小不一致，需有效疏花、疏果。是臺灣的農業科技，不斷提升蜜紅的品質。

如果世間沒有葡萄，人類文明將多麼貧困。我偏執地認為，法國、義大利之所以迷人，是因為有廣袤的葡萄園；古希臘戲劇之所以迷人，莫非是狄奧尼索斯（Dionysos）加持。臺灣之栽培葡萄甚晚，一九五三年菸酒公賣局推廣釀酒用葡萄，才開始大量種植。

明．馮琦〈葡萄〉一詩歌詠了中國葡萄的來歷，和葡萄酒的美味：「晻曖繁陰覆綠苔，藤枝蘿蔓共縈回。自隨博望仙槎後，詔許甘泉別殿栽。的的紫房含雨潤，疏疏翠幄向風開。詞臣消渴沾新釀，不羨金莖露一杯」。

我在吐魯番葡萄溝品嚐過無核白葡萄、馬奶子、喀什哈爾等多種葡萄，信步葡萄架下，隨手摘取鮮葡萄品嚐，邊吃邊欣賞維吾爾人彈琴唱歌跳舞，至今引為生平快事。葡萄溝狹谷位在火焰山西側，崖壁陡峭，溪流清澈，葡萄園就在溪流兩側，引天山雪水灌溉，那幽邃的葡萄長廊經常浮沈於腦海。然則我必須說，臺灣的蜜紅，夏果甜度約在二十度，冬果甜度約二十～二十二度，論風味氣息、論風姿體態，絲毫不遜於吐魯番的無核白葡萄或馬奶子。

一九八九年我到了北京，特地去拜訪汪曾祺先生，他正在書房作一幅畫要送我，吩咐在客廳稍坐。汪太太端來一盤葡萄待客，很得意地對我說：「臺灣沒有這種水果吧」。

蜜紅僅適合鮮食，不適合釀酒，目前主要憑葡農直銷，「阿信葡萄迷宮」、「麗水農場」所產亦我所欣賞，阿信的葡萄每一盒都附無農藥殘留檢驗合格報告。蜜紅，彷彿是一個美麗的村姑名字，產期分夏、冬兩次，夏果在六、七月時採收，冬果在十二月，比巨峰葡萄略早採收；賞味期短，須把握良機。它似乎提醒世人，人生太苦太短，要珍惜一切美好的時光。

路葡萄隧道農場

地址：彰化縣埔心鄉二重村南昌南路136巷85號

電話：0939-657393

阿僖葡萄迷宮

地址：彰化縣埔心鄉二重村南昌西路70號

電話：04-8531149

麗水農場

地址：彰化縣大村鄉加錫村加錫一巷1-11號

電話：04-8535324

一杯
寒夜客来茶熟時

文旦柚

中秋前，我向麻豆鎮農會訂購十箱文旦柚，再零星買了幾箱鶴岡文旦、斗六文旦，和八里穀興農場的黃金文旦柚。秋天若缺乏文旦柚，真不知日子會如何乏味？這些文旦柚大多美味；然則整箱購買有時得靠點運氣，畢竟集中了各個產銷班的產品，口味多有不同；又非一個個親自挑選，難免良莠不齊。

文旦柚呈底部寬的圓錐形，個頭較普通柚子小，果皮為輕淡的黃綠色，果內是淡黃近透明。選購時要注意體型必須豐滿，皮膚清潔光滑，色澤要亮麗，油囊細緻，拿在手上掂掂要顯得沈實者。

柚子的故鄉在亞洲，行蹤鮮見於歐美。臺灣文旦柚的產地越來越廣，像傳遞芳香的聖火，從臺南一路往北，到了花東海岸，全臺開花，主要產區是臺南市、苗栗縣、花蓮縣，尤以花蓮產區的規模最大。花蓮瑞穗鄉的文旦柚園屬鶴岡村的品質最好，七〇年代以紅茶聞名，紅茶沒落才轉營文旦，堪稱後起之秀。

東臺灣的文旦產期略晚於西部。吃來吃去，我猶原偏愛麻豆文旦。相傳臺灣的文旦在一七〇一年由福建漳州引進，起初種植在臺南市安定區附近，道光年間，麻豆人郭藥（郭廷輝）用白米換了六株文旦樹，種植在尪祖廟，果肉柔嫩飽滿，果汁多而鮮甜，擴及全鎮後名揚天下，曾進貢給清帝品嘗，也曾被指定為日本皇室御用，從而確定了麻豆文旦的地位。

文旦也講究風土條件。八里鄉有多條溪流交錯，上游的沖刷搬運形成沖積平原，土質鬆軟，富含有機質，極適合文旦柚生產。麻豆鎮亦屬古河道地質，曾文溪沖刷出來的土壤富含大量礦物質與有機質，是微量元素均衡而充足的砂質土，加上日照、雨水都充足，栽種出來的文旦特別清甜，一般公認品質最優良，價格也最高。

口碑佳的老欉麻豆文旦通常還在樹上就已被訂購一空，有些人更是整株購買。麻豆文旦遠近馳名，冒名者眾，農會遂推出「柚之寶」商標，紙箱上印有柚子寶寶騎單車圖樣，經過認證的文旦每粒有一定的重量、甜度、成熟度和外形。二〇一〇年，「麻豆文旦」正式登記、執行產地認證標準，確定產地在麻豆，並符合甜度標準。

產銷履歷驗證是值得全面推廣的制度，麻豆農會集中了許多果樹產銷班，口碑好的包括一品柚園、老農果園、杞果園、清泉果園、宏吉果園、梁家文旦等等，他們都全程使用有機肥，並盡量以人工除蟲害。短視的柚農則多依賴除草劑以降低病蟲害、增加產量，造成土質劣化。我想像有一天，臺灣不再使用農藥，土地將會多麼快樂。

我曾在木柵舊居的後院種植一株柚樹，十年僅收成三粒果實，果皮上都顯見椿象、果蠅肆虐的痕跡，難產的經驗傳為鄰居笑談，實為生平恥辱。哎，如果我早一點讀到花蓮農業改良場印的《文旦柚有機栽培》，就略懂防治病蟲害和土壤培肥管理了。

柚樹約四歲即開花結果，年輕的柚樹生長態勢強，根系發達，枝葉繁茂，所生的果實較碩大，皮層較厚，果肉卻顯得粗糙乏汁，偏酸。樹齡十年以上的文旦才漸入佳境，樹齡越高結果越多，品質也越好，三十年以上樹齡的老欉所生堪稱為頂級文旦；蓋老樹的根系已趨穩定，枝葉也不那麼茂盛了，所吸收的養分多注入果實中，果肉細緻甜美，風韻成熟。不過樹齡三十年以上的麻豆文旦不多，農民只賣給固定的老客戶，擁有老欉文旦樹的農民，顯然是非常值得交往的朋友。

老欉所生的文旦柚蒂頭部分較尖，味道較佳，年紀越大所生的文旦柚越小，果皮越薄，果肉綿密、清甜，種籽較少較小，像老得漂亮的人，皮膚雖然多皺，卻歷盡了生活的淬煉，蘊藏的智慧更加飽滿。

我不贊成一味強調文旦柚的甜度，美味程度在甜度和酸度的比率完美，微酸，清甜，香氣獨特才是我們對文旦柚的期待。文旦合理的糖度不應超過十二度，為了更甜而調整肥料使用，會傷害柚樹。

文旦真是好東西，不僅富含維他命C、礦物質、酵素、果膠，中醫書說柚子能消食、去腸胃氣、解酒毒。尤其大量的膳食纖維，有效促進胃腸蠕動，臺灣俗語：「吃龍眼放木耳，吃芭樂放槍籽，吃柚子放蝦米」，可見吃柚子所放的屁最嗆。跟著放出來的臭屁，好像進行過體內大掃除，滌清腸道，通體舒暢。此外，柚花可製造沐浴乳、面膜、洗髮精，柚皮放進冰箱可除臭；我童年時住鄉下，外婆輒曬乾柚皮，刨絲，用來薰香驅蚊。

我最美好的文旦經驗，是剝給女兒吃，你一瓣我一瓣，吃得嘴角流汁，父女邊吃文旦邊聊天。我明白這樣甜蜜的時光並不長，她們很快就長大了，不再需要爸爸效勞了。

文旦柚在常溫下可貯藏兩三個月，還有什麼水果比它更長壽？其表皮經「辭水」乾縮顯皺後，肉質更柔嫩香甜。節氣已過寒露，文旦柚離我們遠去時，接力般，紅文旦、白柚、西施柚紛紛進入了產季，最後登場的是晚白柚。

麻豆區農會
地址：臺南市麻豆區新生北路56號
電話：06-5722369

瑞穗鄉農會
地址：花蓮縣瑞穗鄉中山路一段128號
電話：03-8872226

一品柚園
地址：臺南市麻豆區南勢里15之5號
電話：06-5723550

老農果園
地址：臺南市麻豆區安業里136號
電話：06-5728640

杞果園
地址：臺南市麻豆區磚井里33-1號
電話：06-5723077

梁家文旦
地址：臺南市麻豆區總榮里80之9號
電話：06-5725738, 0919-112852

穀興農場
地址：新北市八里區荖阡村6鄰34-5號
電話：02-86303356
營業時間：週一至週五11:00-20:00，
週六至週日10:00-21:00

玉荷包

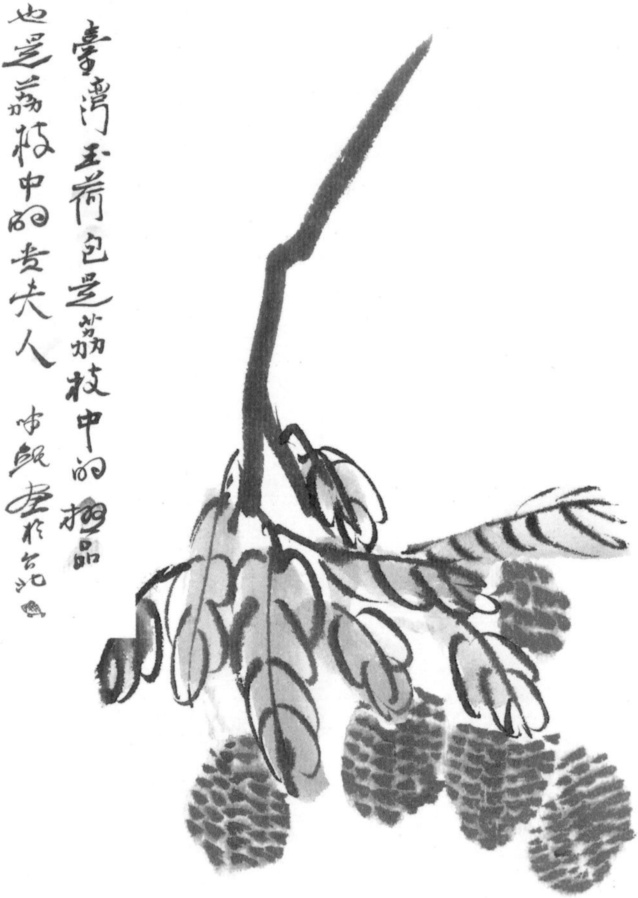
臺灣玉荷包是荔枝中的極品
也是荔枝中的貴夫人

「玉荷包」荔枝成熟期約在五月中旬至六月中旬，形模如心型荷包而得名。果殼呈紅黃綠相間，屬臺灣荔枝的中熟高焦核品種，比「黑葉」荔枝早半個月左右。採收期由南往北，甜蜜的接力賽般，從恆春、滿州一路北上。其果棘尖而深；內核較小，呈長橢圓形；果肉如玉，肥厚、晶瑩且細緻，呈半透明凝脂狀；皮薄，汁飽滿，甜度高，甜中透露輕淡的酸。我尤其喜愛它的微香，尾韻悠長；是臺灣的精緻農產品之一，荔枝中的貴族。

早年玉荷包荔枝較為嬌嫩，只愛開花，不愛結果；幼果期落果嚴重，產量不穩定。第一個成功量產玉荷包的果農是大樹的王金帶先生，人稱「玉荷包之父」，他研發的技術分享給其他農友，如今已在各地開枝散葉。

荔枝為亞熱帶的常綠果樹，原產於中國南方，臺灣從廣東、福建引進栽培，自新竹寶山至恆春皆有荔枝園，品種不少，諸如早熟的「三月紅」、「楠西早生」，中熟的「黑葉」、「沙坑」，晚熟的「桂味」、「糯米糍」，以及最近農試所培育成功的「旺荔」、「古荔」等等，尤以黑葉為大宗，約佔80%。玉荷包質好價優，日顯取代黑葉荔枝之勢。主要產區在高雄大樹，堪稱玉荷包之鄉。現在大樹山區結實纍纍的玉荷包，從前只種植甘蔗和地瓜。

夏天宛如一場荔枝的嘉年華，驅車在高雄山區，常可見自產自銷的農戶信誓旦旦地張貼廣告：「不甜砍頭」。余光中亦有詩記述：「七月的水果攤口福成堆／旗山的路畔花傘成排／傘下的農婦吆喝著過客／赤鱗鱗的虬珠誘我停車／今夏的豐收任我滿載／未曾入口已經夠醒目／裸露的雪膚一入口，你想／該化作怎樣消暑的津甜」。

玉荷包即大陸「妃子笑」。另一相近品種是廣東「掛綠」，更是荔枝中的珍品，早在十二世紀即有栽培，產地以增城為主；果殼六分紅四分綠，紅殼上環繞著一圈綠痕，那綠痕流傳著何仙姑的故事。朱彝尊有詩贊曰：「南州荔枝無處無，增城掛綠貴如珠，兼金欲購不易得，五月尚未登盤盂」；西園掛綠母樹已活了四百多歲，連續幾年的掛綠拍賣轟傳海內外，二〇〇四年曾以 55.5 萬人民幣拍賣一粒掛綠荔枝。

荔枝之迷人，如白居易所盛讚：「嚼疑天上味，嗅異世間香」。古來騷人墨客競相吟詠，形成了濃厚的文化氛圍，渲染著許多趣聞和傳說。

唐代以降，荔枝是永遠跟楊玉環相連了，最出名的大概是杜牧〈過華清宮〉：「長安回望繡城堆，山頂千門次第開。一騎紅塵妃子笑，無人知是荔枝來」。南宋．謝枋在《選唐詩》也說：「明皇天寶間，涪州貢荔枝，到長安色香不變，貴妃乃喜。州縣以郵傳疾走稱上意，人馬僵斃，相望於道」。東坡〈荔枝嘆〉亦感嘆貢品帶給百姓巨大的傷害，前幾句節奏急促，懾人心魄：「十里一置飛塵灰，五里一堠兵火催。顛阬仆谷相枕藉，知是荔枝龍眼來。飛車跨山鶻橫海，風枝露葉如新採。宮中美人一破顏，驚塵濺血流千載。」一次次跨山越河快跑狂奔，楊貴妃送進嘴裏的荔枝，顆顆都浸著別人的血。

當年用麻竹筒裝荔枝保鮮，將荔枝從涪州（今重慶市涪陵區）運送到長安。麻竹筒容量大，水分足，利於保存新鮮荔枝——先用水浸泡竹筒兩天，再將剛採收的荔枝洗淨，裝入竹筒，以蜂蠟封口，飛騎接力，日夜兼程送到長安。封在麻竹筒內七日的荔枝，果皮保有原色，果肉質地良好，維持原來的新鮮風味。白居易〈荔枝圖序〉有幾句說：「若離本枝，一日而色變，二日而香變，三日而味變，四五日外，色香味盡去矣」。現今冷藏方便，買來後一時吃不完，千萬別直接送進冰箱；我慣用濕報紙包覆，再套入塑膠袋，冷藏，以防水分流失。

古人詠荔枝以東坡居士最厲害，他被貶惠州後，初嚐荔枝，盛贊：「海山仙人絳羅襦，紅紗中單白玉膚；不須更待妃子笑，風骨自是傾城姝」；待剝開果皮，品嚐果肉，竟以兩種水產比喻：「似開江鰩斫玉柱，更洗河豚烹腹腴」。他另一首七言絕句〈荔枝〉

末兩句：「日啖荔枝三百顆，不妨長做嶺南人」，這才是美食家本色。

臺灣的農業科技令玉荷包勇於生育，各農場有獨門培育法，施肥方式也不同，「坪頂果園」稱採自然農法栽培，果園內放養土雞，雞、果共榮，減少了農藥使用。有人給果樹喝牛奶，據說可以提高甜度，舊約：上帝應許的樂土，「流奶與蜜之地」，說的好像是南臺灣的荔枝園。

玉荷包的產季短，採收、銷售、賞味都必須有效把握。今年受氣候影響，約延後了二十天收成。前幾天輔大比較文學所博士生孫智齡宅配了一箱送我，品嘗這麼甜美的禮物，得非常認真地指導這個學生啊。

坪頂果園
地址：高雄市大樹區小坪里小坪頂
電話：0919-051651
E-mail：wayway726@yahoo.com.tw

荔玉香
地址：高雄市大樹區和山里106號
電話：07-6522108
E-mail：shofruit@gmail.com

玉荷包是荔灣精緻農產之一是荔枝中之貴族夫人

綠豆椪

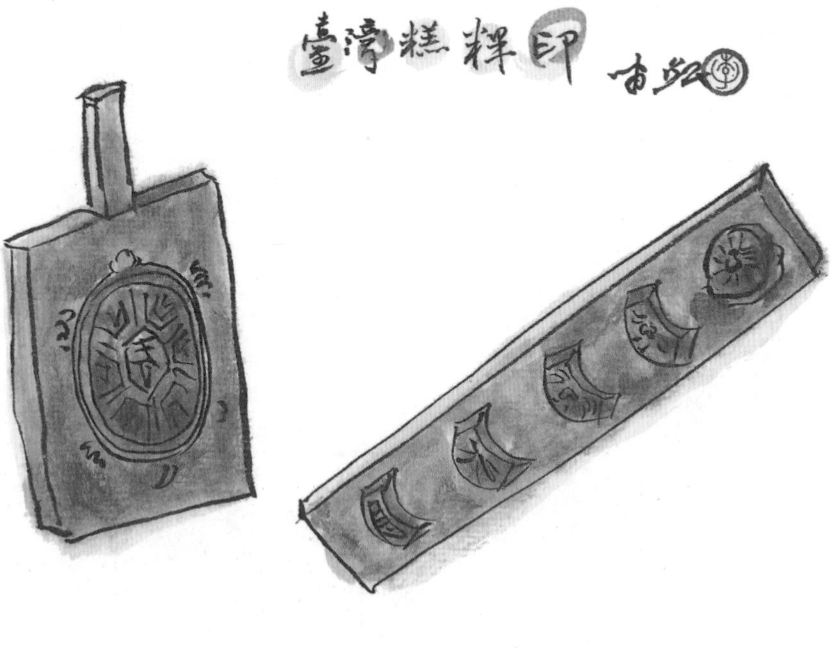

綠豆椪是一種臺式中秋月餅，它支配了我童年的月餅經驗，乃至於後來的月餅味覺，總覺得好月餅就應該像綠豆椪那樣，輕淡的甜，或者微鹹中帶著微甜。所有月餅就屬綠豆椪長得最像明月，雪白，圓潤的酥皮；裡面是黃澄澄的綠豆沙。

這並非容易的烘培技術，除了計較餅皮的多層次，一般酥皮烘烤更會呈金黃色，欲維持白皮膚，必須嚴格控管烤箱的溫度。此外，我這種臺客式的月餅胃腸，總覺得酥皮要用豬油才好吃。

好吃的綠豆椪首先須嚴選優質的綠豆仁為原料，製成香醇綿密的豆沙餡，加入天然酥油，內餡飽滿著綠豆的清香，又看得見顆粒狀豆沙，能入口即化；此外，裡面的油蔥酥必須是現炸的，才不會出現油耗味。

郭元益、舊振南大抵統領了我人生前二十年的綠豆椪知覺。舊振南前身是「正利軒餅店」，一八九〇年創立於臺南，後來遷到高雄，晚近幾年益善於行銷，連高鐵站也設有據點；其綠豆椪分四種：李白、蘇東坡、香菇、蛋黃，李白指內餡為純綠豆沙，蘇東坡則加入滷肉，呈現無厘頭式的趣味。

一般製作綠豆椪，多加紅蔥頭爆香，那紅蔥頭，彷彿布拉姆斯（Johannes Brahms）

在《匈牙利舞曲》（Hungarian Dances）中加進的吉普賽風格，變化多端的裝飾，有一種火熱的激情，在淡淡的綠豆沙中。一百多年來，不同的製餅師不斷詮釋它，改編它，演繹它。

臺中可謂糕餅的故鄉，尤其是豐原，號稱「餅窟」，名店林立，如南陽路「德發餅行」、中正路「雪花齋」、「老雪花齋」；老雪花齋的「雪花餅」採單面煎烤，薄薄的表皮一層又一層，雪白，微凸；其內餡顏色特別淡，口感相當鬆。同樣在中正路上的還有「聯翔餅店」、「寶泉食品」；寶泉的小月餅很體貼我這種血糖偏高的肥仔；我鍾愛的重點是個頭小，而非內餡選用白鳳豆，白鳳豆和綠豆只要能精製出豆沙都美。

「裕珍馨」在媽祖廟旁邊，餅美，建築也美，晚近常舉辦各種文化活動，以餅藝結合宗教、文化，成為大甲美麗的景觀，我們去鎮瀾宮拜拜，不順便走進買伴手禮，會有一種辜負感。

專賣素綠豆椪，以社口「朱記素餅」聞名，他們用花生油和加拿大進口的芥花油取代豬油，再用香菇、豆包取代肉丁和紅蔥頭；此外，其「香菇彩頭酥」用蘿蔔絲、香菇搭配綠豆沙，亦值得稱道，好吃又服務了要去拜拜的信徒；其綠豆椪不僅給吾人甜美，相信也予神明幸福感。

「犁記餅店」也在隔壁開了一家素綠豆椪專賣店。此店乃張林犁先生於一八九四年所創，是中部最古老的餅店，現在叫「社口犁記餅店本店」，店名非常拗口，店家強調自產自銷，全世界只有這家店鋪在賣特製的綠豆椪，別無分店或其他銷售據點。「犁記」最出名的是綠豆椪，製餅技術手工細膩，其產品外形不一，餅皮薄，有時餡料會露出來，烈火熱情般，帶著飽滿欲訴的表情。

犁記秉持「照起工做」的傳統美學，製作誠懇，老實，認真，四代都賣綠豆椪，至今仍依古法用松木桶蒸綠豆，餅皮兩面烘烤，不添加任何化學香料和膨鬆劑，其綠豆沙特別鬆，爽，沙，表皮呈現一種酥脆感。犁記本店在中山高速公路豐原交流道附近，我每次開車路過，總是忍不住踅到社口派出所旁邊這家老店買綠豆椪。

綠豆椪以臺中為尊，然則臺北人也不必自暴自棄，因為永和有「王師父餅舖」。王師父的「金月娘」毫無豬油味，甜與鹹融合得非常快樂。臺灣的政治人物應該多吃吃他們家的綠豆椪，學習如何讓族群快樂融合。有一年的謝師宴，畢業生贈送老師們每人一小盒王師父的「金月娘」；我素不喜參加謝師宴，那餐吃了什麼菜忘得乾乾淨淨，唯清楚記得提著金月娘離開餐廳，滿心歡喜。

我翻遍《辭源》、《辭海》、《中文大辭典》、《漢語大詞典》，均無「椪」字，歷代韻書如《廣韻》、《集韻》亦皆未見，康熙字典也沒有；僅一九五〇年出版的臺語字典《彙音寶鑑》註解為椪柑、椪鬆。可見中文並無此字，僅知道它音碰，膨脹的意思，料想是閩南語轉化而來的現代造字。此外，綠豆椪又名「綠豆凸」，「椪」和「凸」都表述外形膨脹凸起；故我認為正確的字應該是綠豆「膨」，不過大家因襲久矣，就讓「膨」假借為「椪」吧。

綠豆椪是很讚的茶食，清晨或下午，泡一壺濃茶，吃綠豆椪，閱讀，聽音樂，學習生活的緩慢，感恩生命的美好。

飲食跟人生一樣，總是點點滴滴地修正，調整。如最初的綠豆椪裡面除了綠豆餡，還摻了一小塊肥肉；現今則改為不油膩的瘦肉丁，並大幅降低綠豆沙的糖分，符合時人的養生需求。然則萬變不離其宗，肉丁、紅蔥頭、芝麻、綠豆沙一起翻炒，如管樂、弦樂之共鳴，融合得非常細緻，綿密，以豐富的口感詮釋了漢餅。那已經形成傳統的氣味，一直在臺灣人的集體記憶中播香。

王師父餅舖

地址：新北市永和區中山路一段283號

電話：02-2742-0315, 2747-6136 分機 9

營業時間：06:30-22:30

社口張犁記餅店本店

地址：臺中市神岡區中山路520號

電話： 04-25627135, 25627132, 25625535

營業時間：08:30-22:00

老雪花齋

地址：臺中市豐原區中正路212巷1號

電話：04-25222713

營業時間：09:00-22:00

舊振南餅店

地址：高雄市前金區中正四路84號

電話：07-2856868

營業時間：09:00-22:00

麵煎餅

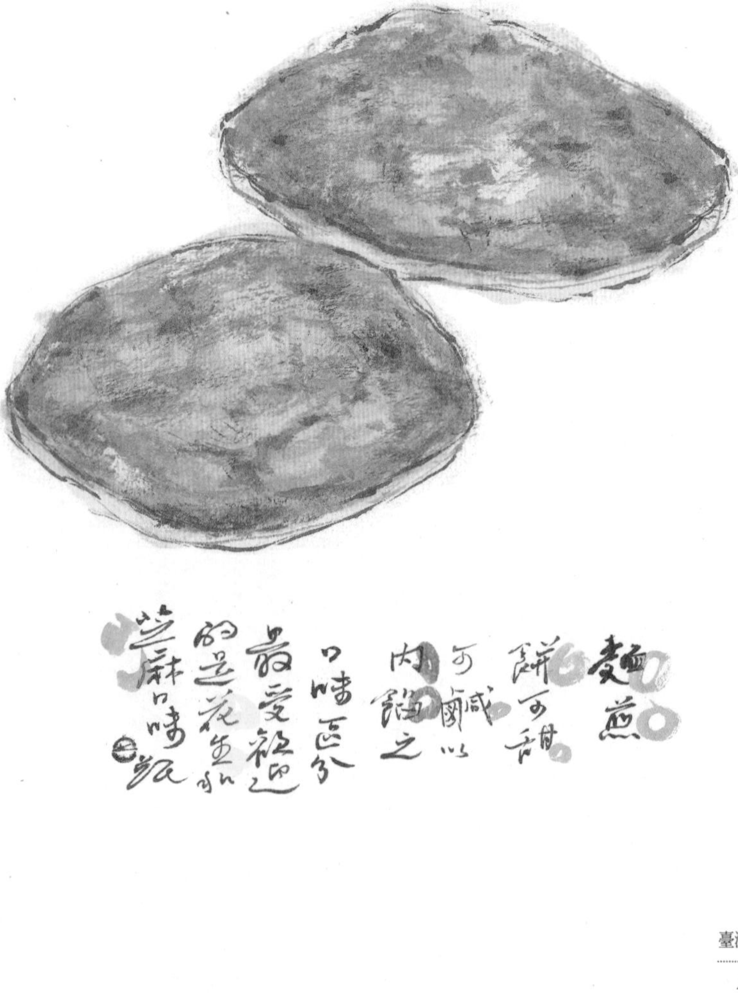
麵煎餅可甜可鹹以肉餡之口味區分最受歡迎的是花生和芝麻口味

近年羅斯福路騎樓下有兩攤「麵煎餅」車，各有一位婦人在叫賣，經過時總是聽聞她喊：「麵煎餅兒，好吃的麵煎餅兒」，清楚的北方口音，料想是北方嫁來臺北的新移民，為幫助家計，忖量一輛攤車就可以推著到處販售，創業門檻較低，遂開始賣麵煎餅營生。

這是製作簡單的零食點心：攪拌中筋麵粉、泡打粉、牛奶、雞蛋、砂糖，加水拌勻，靜置半小時。煎盤加熱，先用沾油的布擦拭煎盤，倒入麵糊，煎至起泡，加入餡料，煎熟，對折成半月狀。製作過程須保持中火。

麵煎餅可甜可鹹，甜餅的內餡多為芝麻、花生，亦有紅豆、奶油、黑糖；鹹餅則為胡蘿蔔絲、高麗菜、蔥、起司、肉鬆。其中最受歡迎的是花生、芝麻口味。成品金黃，外酥內軟，奶香混合著餅香，和花生、芝麻的氣味，性質近似棗泥鍋餅而麵皮較厚，內餡較含蓄。

臺灣早有麵煎餅，閩南語叫「麥仔煎」，堪稱薄煎餅（pancake）的變奏。我推測其流行，關係到平底鍋傳入的時間。平底鍋散布熱力均勻，適合煎、烤材料，其發明衍生出不少新食品，諸如蛋餅、蔥油餅、烙餅、韭菜盒、煎包等等。

麵煎餅又類似廈門的「滿煎糕」和金門的「滿煎疊」，這兩種風味小吃都是甜品，所用材料、製作工序大抵和麵煎餅一樣。滿煎糕、滿煎疊是煎熟後，麵漿膨脹滿過煎盤而得名。

金門後浦北門街，那攤老字號滿煎疊，增添了我服兵役歲月香酥甜嫩的記憶。那時金門猶稱「戰地」，夜晚宵禁，天地一片闃黑。我多次夜行軍時經過那一帶，除了海濤潮汐聲，趕路中什麼也看不清；只有休假日才看清村莊模樣，一方面比對曾經摸黑路過的街道和田野，並品嚐貞節牌坊附近的小吃。

有時夜行軍途中肚子餓了，邊走邊想白天的滿煎疊、廣東粥、肉羹麵……走著走著竟睡著了。全副武裝的隊伍以一定的速度行進，後面的步槍碰到我的鋼盔，我肩上的步槍也撞到前面的鋼盔，肯定有好幾個人跟我一樣睡著了，誆啷誆啷的碰撞聲，敲打樂般形成催眠的節奏，毫不影響睡覺。半夜被叫起來行軍到天亮，我們都睏極了，邊走邊睡。有時我夢遊般脫離了隊伍，走到懸崖邊才驚醒，那空蕩的行路、空洞的海風，是突兀的節奏忽然提醒我，回到隊伍繼續睡覺。

我歡喜向那兩位大陸來的新娘買麵煎餅。據最新的統計資料：外籍配偶以女性為主，六成以上的外籍配偶須扛起家計，成為家庭經濟主要來源。而外籍配偶的工作類別，最多的前兩類為：清潔工作佔百分之三十一點九，小吃餐飲業佔百分之二三點二。她們為了營生，賣起了家鄉吃食；她們的家鄉味，又一次改變了臺灣的飲食風景。

很多人在童年時吃過這點心，為何長大就不吃了呢？利潤薄？賣的人少了？那是消失中的童年滋味，唇齒間的思念。生命中也不乏消失的身影，消失的記憶，消失的抱負，消失的情誼，消失了的熟悉的名字。

我歡喜站在攤前看她們烹製麵煎餅，當麵糊邂逅了煎盤，在高溫中熱情擁抱，立刻發生強烈的變化，白色的麵糊快速轉化成金黃，激動地膨脹，播香，甜蜜，攜手共創美味。

平日吃過中飯，每見到她們賣麵煎餅，我總是買一張回書房，邊吃邊喝咖啡邊讀書，似乎時光變得緩慢了些，記憶力和理解力好像也增強了些。

臺北咖啡廳

咖啡比其它飲料多了些時尚感。我們啜飲咖啡，臉上是品味的形容，大約不會有人用牛飲的辦法對付咖啡。咖啡廳又是理想的社交地方，歇腳的所在；巴黎的咖啡廳一開始就是藝文界的社交中心。

臺北的咖啡廳算後起之秀，可數量之夥、品質之優，足以傲視許多先進城市。我喜歡的咖啡廳很多，以前住木柵時常去「樂爾義式咖啡」和「聯禾咖啡」，這兩家的咖啡香連接了我們家的生活十幾年，至今懷念不已。

金華街「George House」進口印度南部 Balma Estate 農場的野生猴子咖啡豆，風味特殊，帶著明顯的天然奶香和水果花蜜味。光復南路巷子裡的「La Crema 克立瑪」店內真空管音響是一大特色，一邊聆聽美妙的音樂，一邊品飲混合七種咖啡豆的招牌 Espresso，時光真的變得好悠長；老闆鍾引弘先生認為一杯成功的 Espresso，應該要有厚厚一層赭紅色，和色澤均勻的奶油。有的咖啡廳索價不菲，像「布拉格」一杯新臺幣五百元，不接受預約，很有個性的小咖啡館。

「上上咖啡」鄰近「隆記菜館」，我在上上喝咖啡都是在隆記吃過飯之後，形成一種很特殊的咖啡記憶，那杯常喝的曼巴，彷彿連接了上海菜飯，透露著一段古老的身世。

這裡和多數咖啡廳一樣兼營簡餐，後來我才知道，他們的餐點如炒年糕、炒飯、排骨菜飯多由隆記菜館提供，只有羅宋湯自製。上上咖啡廳相當老舊了：銅質雕花杯座，冰咖啡用自煮的咖啡做冰塊，樓梯相當窄仄，得提醒自己的腳步，我有幾個朋友在這裡扭傷腳踝。空間很適合和老朋友相招來敘舊，對著酒精燈煮咖啡，互相重複一些陳年往事。

附近的「明星西點麵包廠」有著全臺最濃厚的文學氛圍，充滿了故事，其前身是幾個白俄人在上海霞飛路開的「ASTORIA咖啡廳」，大股東艾斯尼（George Elsner Constantin Enobche）是末代沙皇尼古拉二世的親戚，擔任皇家侍衛團長。艾斯尼過世後，簡錦錐老闆為他保留二樓靠窗的老位置，桌上擺著一杯咖啡，一小盤點心。這才是講義氣的好漢。他不僅照顧朋友，也寬容作家，讓他們只點一杯咖啡佔位子一整天。青年的林懷民、陳映真、白先勇、三毛、施叔青、柏楊、隱地、季季都曾在這裡寫作。黃春明在裡面邊照顧長子黃國珍邊寫小說，《文學季刊》竟在三樓編輯。

「明星」門口最出名的風景是周夢蝶在騎樓下擺舊書攤，長達二十一年，他每天端坐騎樓下，邊賣書邊觀看來來往往的漂亮妹妹。我高中時約了女朋友專程來拜訪，周公知道我遠從高雄來，客氣地敷衍，可惜女朋友一出現，他眼睛發亮，從此沒有再看我一眼，當我是晾在一旁的書架。

明星賣的軟糖和火腿是舊俄時代皇族的食物，除了嚴選材料，燻烤的木材也相當講究，負責製作的列比利夫（Levedwe）曾任職俄國皇室的廚房。當年「明星」用的咖啡豆是「SW」和「Hills Brother」，另外也搭配俄國咖啡，不過當時猶是雷厲風行「反共抗俄」的年代，對外只能宣稱是「馬尼拉咖啡」。明星的麵包也是領導流行，眾所周知的八層蛋糕，就是在這裡研發成功。一九六一年元旦，推出魔鬼、天使、瑞士三種蛋糕，乃全臺首見。一九六四年又成功製作出可頌麵包，也是首次在臺灣出現。

「明星」曾是臺北最時髦的地方，每次舉辦晚宴，男士女士都必須穿著很正式才可以進門，宴會上常有人即興表演樂器，也有人大跳俄羅斯舞。蔣經國先生和夫人就曾是這裡的常客；當時蔣經國叫尼古拉，蔣方良喚芬娜。

簡錦錐先生令我聯想西薇亞・畢奇（Sylvia Beach），一九一九年至一九四一年間她在巴黎經營莎士比亞書店，曾接濟過海明威。海明威在巴黎時很貧窮，經常處於飢餓狀態，有時在聖米榭廣場（Boulevard St. Michel）一家雅淨的咖啡廳窩一整天，不過他不是只點一杯咖啡，還會陸續點牛奶、蘭姆酒、葡萄酒和其它食物。我到巴黎，最想逛的書店就是這裡，它有一種強烈的人文魅力。

海明威常光臨的丁香園咖啡廳（Café Closerie Lilas）騷人墨客也常去，他卻鮮見詩人出現，說客人多是蓄鬍子的中老年人，衣著相當破舊，與他們同來的不是太太就是情婦。我去巴黎時曾刻意去那裡喝咖啡，想像阿波奈爾（Guillaume Apollinaire）、王爾德（Oscar Wilde）在這裡的情形。希望將來會有許多外國人來到「明星」喝咖啡，想像臺灣的作家如何在這裡辛勤耕耘。

臺北咖啡廳的密度、口味力追塞納河畔。然則煮一杯好咖啡豈是容易？像上海這麼國際化的大都市，就曾缺乏好咖啡廳。有一天下午，我在雨中走進淮海中路的真鍋珈琲館，裡面的咖啡並未反映當時的物價，賣的價錢和臺北一樣，奇怪生意竟十分興隆，我點了一杯較便宜的「阿美麗肯咖啡」，那杯東西不曉得是什麼？我肯定不是咖啡，雖然有咖啡顏色，卻絲毫無咖啡味，我懷疑那顏色是如何調製出來的？他們使用水彩顏料嗎？廣告顏料？要喝這樣的東西不如去喝墨汁。那「珈琲館」裡熱鬧非凡，顧客清一色都是年輕人，幾乎每一桌都抽煙，室內煙霧迷漫，害我頭疼了一夜。幸虧上海的咖啡廳已被臺灣人一統江湖，大幅改善了品質。

我難忘初抵羅馬的清晨，信步走到旅館後面的廣場，在一家剛要營業的露天咖啡店點了一杯卡布奇諾。我坐下來才知道，旁邊就是名聞遐邇的羅馬萬神殿。我不曾記得那家露天咖啡廳的店名，店名其實一點也不要緊，我相信，義大利多的是這種水平的咖啡廳，一杯道地的卡布奇諾，一塊剛烤熱的可頌麵包。卡布奇諾散發濃郁的咖啡氣味，那氣味裡明顯煮進了文化的熱度和香醇，使入口的咖啡從物質的層次提升到了精神層次。

露天咖啡座有特殊的魅力。政大環山道上，往樟山寺登山棧道口，假日總是停駐一輛行動咖啡車，咖啡車的旁邊，有木造休憩平臺和桌椅供登山客使用，我和家人登山前後，常先坐下來啜飲卡布其諾，吃花生醬厚片土司。那杯咖啡以二格山系為背景，近處指南山麓的各種喬木、灌木和藤本植物，遠處的大屯火山群，輕風吹拂滿山的芬多精，森林，草坪，山櫻花，和咖啡香結構出郊遊踏青的好時光。我歡喜喝咖啡時看這對年輕的經營者賣力工作，象徵一種生活的風格，販賣一種生活的品味，我期待臺灣有越來越多這樣有個性的創業者。

無論戶外或室內，咖啡廳往往被理解成悠閒、寧靜的空間，坐下來，彷彿光陰就此變得緩慢，周遭不可能像夜店或啤酒館般喧嘩。搭配咖啡的無非是甜點，餅乾蛋糕之屬，總是愉悅心情。

咖啡廳自然是舶來品，卻已經內化為臺灣自己的味道，它總是透露出一種幽雅的燈光，和溫暖的氛圍，溫馨，優雅，自在，咖啡香中散發著人文氣息。獨自在裡面總是從事心靈活動，翻閱書報雜誌，寫作，或呆呆看著窗外的建築，樹影，和街道上的天光，等人。

明星西點麵包廠
地址：臺北市中正區武昌街一段5號2樓
電話：02-23815589
營業時間：10:00-22:00

聯禾咖啡
地址：臺北市文山區興隆路二段129號
電話：02-29351252
營業時間：08:00-23:30

瑪汀妮芝咖啡
地址： 臺北市大安區金華街243巷26號
電話： 02-2358 2568
營業時間：12:00-22:00

樂爾義式咖啡
地址：臺北市文山區木柵路三段48巷1弄11號
電話：02-22349598
營業時間：09:00-22:00，休週日

馬汀咖啡館
地址：地址：臺北市大安區大安路一段202號1樓之3
電話：02-27051958
營業時間：10:00-22:00

布拉格咖啡館
地址：臺北市大安區溫州街20號
電話：02-23697722
營業時間：14:00-24:00，週二休息

上上咖啡
地址：臺北市中正區延平南路95號（中山堂斜對面）
電話：02-23140064, 23314235
營業時間：週一至週六07:00-21:00，
週日及例假日09:00-18:00

阿公愛用黑人牙粉
壬辰 李蕭錕

附錄
本書推薦餐飲

臺北

廣東汕頭劉記四神湯（四臣湯）

臺北市中正區南昌路二段2巷口
（郵政醫院後面）
電話：0935-682933
營業時間：15:30-20:30，週日休息

妙口四神湯（四臣湯）

地址：臺北市大同區民生西路、迪化街交叉口（彰化銀行騎樓下）
電話：0919-931007
營業時間：11:00-19:00，週一休息
FACEBOOK：妙口四神湯、肉包專賣店

伍中行（烏魚子）

臺北市中正區衡陽路56號
電話：02-23113772
營業時間：08:00-20:00

阿桐阿寶四神湯（四臣湯）

臺北市大同區民生西路153號
電話：02-25576926
營業時間：10:00-05:00

明星西點麵包廠（臺北咖啡廳）

臺北市中正區武昌街一段5號2樓
電話：02-2381-5589
營業時間：10:00-22:00
網站：http://www.astoria.com.tw/

三元號（肉羹）

臺北市大同區重慶北路二段9號、11號
電話：02-25589685
營業時間：09:00-22:00

上上咖啡（臺北咖啡廳）

臺北市中正區延平南路95號
（中山堂斜對面）
電：02-23140064, 23314235
營業時間：週一至週六07:00-21:00
週日及例假日09:00-18:00

永久號（烏魚子）

臺北市大同區延平北路二段36巷10號
電話：02-25557581
營業時間：08:00-18:00
網站：http://www.chiens.com.tw/
照片由業者提供

通伯臺南碗粿（碗粿）

臺北市大同區南京西路233巷19號
（永樂市場口）
電話：02-25556092
營業時間：10:20-19:00，週日店休

永樂雞捲大王（雞捲）

臺北市大同區延平北路二段50巷6號
電話：02-25560031
營業時間：07:30-13:00，週一店休

福緣泉水肉羹（肉羹）

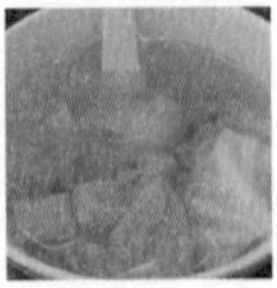

地址：臺北市大同區民生西路132號
電話：02-25506117
營業時間：11:30-20:30，週日休息

明福餐廳（白斬雞、佛跳牆）

臺北市中山區中山北路二段137巷18號之1
電話：02-25629287
營業時間：12:00-14:30, 17:30-21:00

臺北

茂園餐廳（白斬雞、魷魚螺肉蒜）

臺北市中山區長安東路二段185號
電話：02-27528587, 27114179
營業時間：11:00-14:00, 17:00-22:00
照片由業者提供

（金佳）阿圖麻油雞麵線（麻油雞）

臺北市中山區林森北路552-2號
電話：02-25977811
營業時間：週一至週六 11:00~24:00，
週日 11:00~21:00
網站：http://www.a-tu.com.tw/

菊林麻油雞（麻油雞）

臺北市中山區吉林路385號
電話：02-25979566
營業時間：週一至週六11:30-23:00
FACEBOOK：菊林麻油雞

雞家莊 長春店（三杯雞）
臺北市中山區長春路55號
電話：02-25815954
營業時間：11:00-22:00
FACEBOOK：雞家莊

唐宮蒙古烤肉餐廳（蒙古烤肉）

臺北市中山區松江路283號2樓
電話：02-25051029
營業時間：11:30-14:00, 17:30-21:30
網站：http://kid1123.myweb.hinet.net/

成吉思汗蒙古烤肉（蒙古烤肉）
臺北市中山區南京東路一段120號
電話：02-25373655, 0922-333680,
0922-497376
營業時間：11:30-15:30, 17:30-22:00
網站：http://www.genghisbbq.com.tw/

欣葉（魷魚螺肉蒜）

臺北市中山區雙城街34-1號（德惠街口）
電話：02-25963255
營業時間：11:30-00:00
網站：http://www.shinyeh.com.tw/
照片由業者提供

兄弟飯店·蘭花廳 臺菜海鮮（清粥小菜）

臺北市松山區南京東路三段255號2F
電話：02-27123456 轉 蘭花廳
營業時間：11:00-15:00, 17:00-22:30
網站：http://www.brotherhotel.com.tw/

點水樓 南京店（農村佳釀、九層塔）

臺北市松山區南京東路四段61號
電話：02-87126689
營業時間：11:00-14:30, 17:30-22:00
網站：http://www.dianshuilou.com.tw/

王記府城肉粽（燒肉粽）
臺北市松山區八德路二段374號
電話：02-27754032
營業時間：10:00-03:00

小南門福州傻瓜乾麵（福州麵）
臺北市大安區杭州南路二段7號
電話：02-23944800
營業時間：06:00-23:00

福州乾拌麵（福州麵）

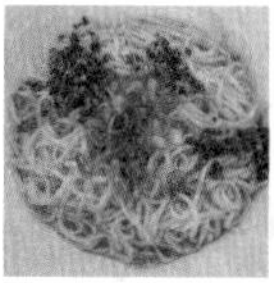

臺北市大安區羅斯福路二段35巷11號
電話：02-23419425
營業時間：11:00-14:30, 17:00-21:00

臺北

瑪汀妮芝咖啡（臺北咖啡廳）

臺北市大安區金華街243巷26號
電話： 02-2358 2568
營業時間：12 : 00- 22 : 00
網站：http://www.kmtcl.com.tw/

田原臺灣料理（肉羹）

臺北市大安區東豐街2號
電話：02-27014641
營業時間：11:00-14:00, 17:00-21:00，週一休息

古厝肉粽（燒肉粽）

臺北市大安區復興南路二段17號
電話：02-27041915
營業時間：11:30-22:00

呂桑食堂（糕渣）

臺北市大安區永康街12-5號
電話：02-23513323
營業時間：11:30-14:00, 17:00-21:30
網站：http://lvsang.myweb.hinet.net/

一流清粥小菜（清粥小菜）

臺北市大安區復興南路二段106號
電話：02-27064528
營業時間：10:00-05:00

布拉格咖啡館（臺北咖啡廳）

臺北市大安區溫州街20號
電話：02-23697722
營業時間：14:00-24:00，週二休息

小李子清粥小菜（清粥小菜）

臺北市大安區復興南路二段142-1號
電話：02-27092849
營業時間：17:00-06:00

馬汀咖啡館（臺北咖啡廳）

臺北市大安區大安路一段202號1樓之3
電話：02-27051958
營業時間：10:00-22:00

涮八方蒙古烤肉（蒙古烤肉）

臺北市大安區安和路二段209巷6號
電話：02-27333077
營業時間：12:00-14:00, 17:30-23:00
網站：http://www.shuanbafang.htm.tw/

福州伯古早味福州麵（福州麵）

臺北市萬華區中華路二段370巷口
電話：02-23018651
營業時間：06:30-14:30

翰林筵（佛跳牆）

臺北市大安區仁愛路三段9號B1
預約電話：02-87735051
營業時間：11:30-14:30, 17:30-21:00

熱海日式料理海鮮餐廳（酒家菜）

臺北市萬華區和平西路三段162號
電話：02-23063797
營業時間：15:30-01:30

臺北

新利大雅福州菜館（酒家菜）

臺北市萬華區峨嵋街52號7樓
電話：02-23313931
營業時間：11:00-14:00, 17:00-21:00
網站：http://www.shinli-daya.58168.net/

黃記老牌燉肉飯（焢肉飯）

臺北市萬華區漢口街二段25號
電話：02-23610089
營業時間：10:00-20:00

金蓬萊遵古臺菜餐廳（酒家菜、魷魚螺肉蒜）

臺北市士林區天母東路101號
電話：02-28711517, 28711580
營業時間：11:30-14:00, 17:00-21:00
網站：http://hipage.hinet.net/golden-formosa

吟松閣（酒家菜）

臺北市北投區幽雅路21號
電話：02-28912063
營業時間：12:00-00:00

野山土雞園（白斬雞、三杯雞）

臺北市文山區老泉街26巷9號
電話：02-2937-9437, 22173998, 0928-246281
營業時間：周一至周五16:00-22:00，
國定例假日11:00-23:00
網站：http://www.yeh-shan.idv.tw/

順園美食（麻油雞）

臺北市文山區木柵路三段1號
電話：02- 22349063
營業時間：11:30-23:00

樂爾義式咖啡（臺北咖啡廳）

臺北市文山區木柵路三段48巷1弄11號
電話：02-22349598
營業時間：09:00-22:00，週日休息
FACEBOOK：樂爾義式咖啡

木柵菜市場雞捲（雞捲）

臺北市文山區集英路22號

景美曾家麻油雞（麻油雞）

臺北市文山區景美街15號前
電話：0958-400880
營業時間：16:00-01:00

雙管四神湯（四臣湯）

臺北市文山區景美街115號
（景美夜市內）
營業時間：17:00-24:00，週一休息

聯禾咖啡（臺北咖啡廳）

臺北市文山區興隆路二段129號
電話：02-29351252
營業時間：08:00-23:30

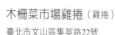

基隆

天一香肉羹順（肉羹）

地址：基隆市仁愛區仁三路27-1號
廟口第31號攤
電話：02-24283027
營業時間：07:00-01:00

新北市

食養山房（糕渣）

新北市汐止區汐萬路三段350巷7號
電話：02-28620078, 26462266
營業時間：12:00-15:00, 18:00-21:00，週一休息
網站：http://www.shi-yang.com/

美美飲食店（白斬雞）

新北市石碇區石碇東街71號
電話：02-26631986, 0935-178313
營業時間：11:00起，詳洽店家
FACEBOOK：美美飲食店

福寶飲食店（白斬雞）

新北市石碇區石碇東街75號
電話：02-26631529
營業時間：11:00-19:00，週一休息
網站：http://www.prime-tea.com/history/history.aspx

王師父餅舖（綠豆椪）

新北市永和區中山路一段283號
電話：02-2742-0315, 2747-6136 分機 9
營業時間：06:30-22:30
網站：http://sh2.obuy.tw/wangsbakery/

青青餐廳（魷魚螺肉蒜）

新北市土城區中央路三段6號
電話：02-22691127, 2269-1121
營業時間：11:00-22:00
網站：http://www.evergreenrestaurant.net/

穀興農場（文旦柚）

新北市八里區荖阡村6鄰34-5號
電話：02-86303356
營業時間：週一至週五11:00-20:00，週六至週日10:00-21:00
網站：http://www.dorisgx.tw/
照片由業者提供

阿香蝦捲（海鮮捲）

新北市淡水區中正路230號
預約電話：02-26233042
營業時間：11:00-24:00

楊家雞捲（雞捲）

新北市平溪區菁桐街127號
電話：02-24951056
營業時間：07:00-22:00，週四店休

宜蘭

渡小月（糕渣）
宜蘭縣宜蘭市復興路三段58號
電話：03-9324414
營業時間：12:00-14:00, 17:00-21:00

不老部落（小米酒）

宜蘭縣大同鄉寒溪村華興巷46號
電話：（日）0919-090061
（夜）03-9614198
營業時間：10:30-16:30
網站：http://www.bulaubulau.com/

黑雞發擔擔麵（白斬雞）
宜蘭縣冬山鄉廣興路321號
電話：03-9510066
營業時間：10:00-21:00

小春三星卜肉（糕渣）
宜蘭縣羅東鎮民權路羅東夜市內1109攤
電話：0937-454218
營業時間：18:00-01:00

八味料理屋（糕渣）
宜蘭縣羅東鎮四育路151號（羅東高中斜對面）
電話：03-9613468, 9613469
營業時間：11:30-14:00, 17:30-21:00

林場肉羹（肉羹）

宜蘭縣羅東鎮中正北路109號
電話：03-9552736
營業時間：08:00-18:00

花蓮

瑞穗鄉農會（文旦柚）

花蓮縣瑞穗鄉中山路一段128號
電話：03-8872226
網站：http://rsfa.cm-media.com.tw/
照片由業者提供

臺東

鹿鳴溫泉酒店（竹筒飯）
臺東縣鹿野鄉中華路一段200號
電話：089-550888
網站：http://www.lmresort.com.tw/

桃園

健民潤餅（潤餅）

桃園市民權路104號（金園戲院旁）
電話：(03)3324313
營業時間：09:00-21:00，
每月第二、四週的星期二休息

劉媽媽菜包店（菜包）

桃園縣中壢市中正路268號
電話：03-4225226
營業時間：24h

春來菜包店（菜包）

桃園縣平鎮市環南路524號
電話：03-4937634, 0910-143047
營業時間：06:00-18:00

三角店客家菜包（菜包）

桃園縣中壢市中正路272號
電話：03-4257508
營業時間：24h
網站：http://www.caibao.com.tw/

黃媽媽菜包店（菜包）

桃園縣平鎮市平東路1段187號
電話：03-4504669
營業時間：06:00-10:30

福源製茶廠（酸柑茶）

桃園縣龍潭鄉凌雲村39鄰42號
電話：03-4792533
照片由業者提供

新竹

郭家潤餅（潤餅）

新竹市城隍廟邊19號
電話：03-5222285
營業時間：08:00-21:00

徐耀良茶園（東方美人）

新竹縣峨眉鄉峨眉村10鄰89號
電話：03-5800110, 0930-842075
網址：http://hsutea.com/

阿嬌客家傳統美食（菜包）

新竹縣關西鎮石光里466號
電話：03-5868280, 0935-185084
營業時間：05:00-12:00

苗栗

龍華小吃（福菜）

苗栗縣苗栗市勝利里金龍街122號
電話：037-337979, 0932-526280
營業時間：11:00-14:00, 17:00-21:00

飯盆頭（福菜）

苗栗縣南庄鄉南江村小東河8-1號
電話：037-825118, 0921-346118
營業時間：10:00-20:00

聞香下馬（福菜）

苗栗縣苑裡鎮天下路98號
電話：037-864662
營業時間：平日11:00-15:00，
假日10:00-20:00，週一休息

日新茶園（酸柑茶、東方美人茶）

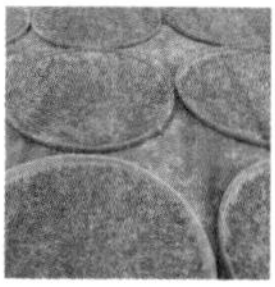

苗栗縣頭份鎮興隆里上坪5鄰29之1號
電話： 037-663749
營業時間：8:00~20:00，週日13:00~20:00

臺中

雙江茶行（珍珠奶茶）

臺中市北區學士路150號
電話：04-22359070
營業時間：11:00-22:00，
每月第二、四個週日休息

竹之鄉（竹筒飯）

臺中市北屯區東山路二段1號
電話：04-22394321
營業時間：11:00-20:00
網站：http://www.bamboo-country.com.tw/

春水堂（珍珠奶茶）

臺中市西屯區朝馬三街12號
電話：04-22549779
營業時間：一樓8:30-23:00，
二樓9:30-23:00
網站：http://chunshuitang.com.tw/

金園中餐廳（農村佳釀）

臺中市西區健行路1049號（中港路口）
日華金典酒店15樓
電話：04-23246111
營業時間：11:30-14:00, 17:30-21:00
網站：http://www.splendor-taichung.com.tw/

臺中擔仔麵（海鮮捲）

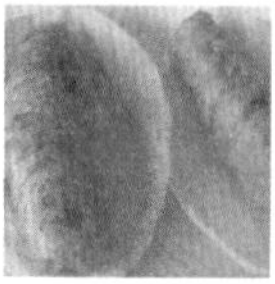

臺中市西屯區華美西街二段215號
預約電話：04-23123288
營業時間：10:00-22:00
網站：http://www.taichungnoodle.com.tw/

霧峰農會酒莊（農村佳釀）

臺中市霧峰區中正路345號
電話：04-23399191
營業時間：09:00-17:00
網站：http://www.wffa.org.tw/

臺中

樹生休閒酒莊（農村佳釀）

臺中市外埔區甲后路水頭巷1-15號
電話：04-26833298, 26830075
營業時間：週一至週五09:30-17:30，
週六、週日09:00-18:00
網站：http://www.shu-sheug.com.tw/

老雪花齋（綠豆椪）

臺中市豐原區中正路212巷1號
電話：04-25222713
營業時間：09:00-22:00
網站：http://www.lshj.com.tw/

社口張犁記餅店本店（綠豆椪）

臺中市神岡區中山路520號
電話： 04-25627135, 25627132, 25625535
營業時間：08:30-22:00
網站：http://www.lj-cakes.com.tw/

彰化

杉行碗粿（碗粿）

彰化縣彰化市成功路312號
電話：04-7260380
營業時間：06:00-18:00

魚市場爌肉飯（焢肉飯）

彰化縣彰化市華山路、中正路口
營業時間：22:30起，賣完為止（約24:00）

阿泉爌肉飯（焢肉飯）

彰化縣彰化市成功路216號
電話：04-7281979
營業時間：07:00-13:30
FACEBOOK：阿泉爌肉飯

黃月亮（蝦猴）

彰化縣鹿港鎮中山路435號
電話：04-7777193, 0937-777193
營業時間：09:30-18:30
網站：http://yellowmoon.emmm.tw/

阿章爌肉飯（焢肉飯）

彰化縣彰化市南郭路一段263號之2
（中山路2段口，彰化縣政府旁）
電話：04-7271500
營業時間：17:30-03:30

臻巧味（蝦猴）

彰化縣鹿港鎮中山路410號
電話：04-7769449
營業時間：09:30-17:00

彰化

阿南師民俗小吃（蝦猴）

彰化縣鹿港鎮中山路401號
電話：04-7745448
營業時間：週一至週五10:00-18:00，
週六至週日9:00-21:00
FACEBOOK：鹿港阿南師民俗小吃

謝家米糕（肉羹）

彰化縣員林鎮中正路265號
電話：0919-318646, 04-8318646
營業時間：11:00-22:00，週二休息

台灣寶（大腸包小腸）

彰化縣北斗鎮宮後街14號
（中華電信斜對面，近中華路）
電話：04-8877307
營業時間：11:00-21:00，週一休息

益源魚子行（烏魚子）

彰化縣芳苑鄉芳漢路漢一段226巷100弄9號
電話：04-8990988
網站：http://yiyuan.tw/

陳家果園（巨峰葡萄）

彰化縣大村鄉貢旗村大崙路6-21號
電話：04-8532805, 0933-191908
網站：http://www.buto.com.tw/
照片由業者提供

甜美果園（巨峰葡萄）

彰化縣大村鄉中正西路256號之2
電話：04-8524766, 0932-544380

奈米休閒農場（巨峰葡萄）

彰化縣大村鄉南二橫巷8號
電話：0919-327075, 0933-580427
網站：http://blog.yam.com/naimifarm/
FACEBOOK：奈米休閒農場
照片由業者提供

古月農場（巨峰葡萄）

彰化縣埔心鄉油車村忠義北路
電話：04-8296928, 0921-357369
網站：http://grapehu.myweb.hinet.net/

百豐酒莊（巨峰葡萄）

彰化縣溪湖鎮員鹿路二段307號
電話：04-8613639, 8821093

阿信葡萄迷宮（蜜紅葡萄）

彰化縣埔心鄉二重村南昌西路70號
電話：04-8531149
網站：http://tw.myblog.yahoo.com/acgrape

路葡萄隧道農場（蜜紅葡萄）

彰化縣埔心鄉二重村南昌南路136巷85號
電話：0939-657393
網站：http://grape66.myweb.hinet.net/

麗水農場（蜜紅葡萄）

彰化縣大村鄉加錫村加錫一巷1-11號
電話：04-8535324

南投

信義鄉農會酒莊（農村佳釀）

南投縣信義鄉明德村新開巷11號
電話：049-2791949
營業時間：08:00-17:00
網站：http://www.52313.com.tw/
照片由業者提供

天鵝湖茶花園（竹筒飯）

南投縣鹿谷鄉和雅村愛鄉路97-6號
電話：049-2751397
營業時間：08:00-22:00
照片由劉益宏提供

玉山酒莊（小米酒）

南投縣信義鄉東埔村開高巷139-16號
電話：049-2702971
營業時間：08:00-17:00
照片由業者提供

豐閣民宿餐廳（竹筒飯）

南投縣鹿谷鄉竹林村愛鄉路101-10號
電話：049-2676368
網站：http://www.fg.let.tw/
照片由小半天民宿網提供

嘉義

蒜頭市場大腸包香腸（大腸包小腸）

嘉義縣六腳鄉蒜頭村188號

臺南

再發號肉粽店（燒肉粽）

臺南市中西區民權路二段71號
電話：06-2223577
營業時間：09:00-20:30
網站：http://u77s23.myweb.hinet.net/

富盛號（碗粿）

臺南市中西區西門路二段333巷8號
電話：06-2274101
營業時間：07:00-17:00

阿伯肉粽（燒肉粽）

臺南市中西區友愛街91號
電話：06-2265307
營業時間：09:00-20:00

小南碗粿（碗粿）

臺南市中西區府前路二段140號
電話：06-2243136
營業時間：08:30-19:00

臺南

翰林茶館 赤崁店（珍珠奶茶）

臺南市中西區民族路二段313號
電話：06-2212357
營業時間：09:00-03:00
網站：http://www.hanlin-tea.com.tw/

鎮傳四神湯（四臣湯）

臺南市中西區民族路二段365號
（赤崁樓對面）
電話：06-2209686, 0927-729292
營業時間：11:30-24:00

金得春捲（潤餅）

臺南市中西區民族路三段19號
電話：06-2285397
營業時間：08:00-18:00

吉利號烏魚子（烏魚子）

臺南市安平區安平路500巷12號
電話：06-2289709
營業時間：10:00-20:30
網站：http://www.karasumi.tw/
FACEBOOK：吉利號烏魚子　照片由業者提供

周氏蝦捲（海鮮捲）

臺南市安平區安平路408號-1
預約電話：06-2801304
營業時間：10:00-22:00
網站： http://www.chous.com.tw/

府城黃家蝦捲（海鮮捲）

臺南市安平區西和路268號
預約電話：06-3506209
營業時間：14:30-20:30
網站：http://www.huang-tn.tw/

助仔碗粿（碗粿）

臺南市麻豆區中央市場大門口三角窗
電話：06-5720883
營業時間：06:00-12:30

麻豆區農會（文旦柚）

臺南市麻豆區新生北路56號
電話：06-5722369
網站：http://www.madou.org.tw/

一品柚園（文旦柚）

臺南市麻豆區南勢里15之5號
電話：06-5723551
網站：http://www.madou2.idv.tw/
照片由業者提供

老農果園（文旦柚）

臺南市麻豆區安業里136號
電話：06-5728640
網站：http://www.anyeh.org.tw/

杞果園（文旦柚）

臺南市麻豆區磚井里33-1號
電話：06-5723077
網站：http://ledking.myweb.hinet.net/
照片由業者提供

梁家文旦（文旦柚）

臺南市麻豆區總榮里80之9號
電話：06-5725738, 0919-112852
網站：http://skycup.pixnet.net/blog
照片由業者提供

高雄

新大港（大腸包小腸）
高雄市三民區十全一路、孝順街口
（保安宮前）
電話：07-3222711
營業時間：14:00-19:30

荔玉香（玉荷包）
高雄市大樹區和山里106號
電話：07-6522108
E-mail：shofruit@gmail.com
網站：http://shofruit.myweb.hinet.net/

紅毛港海鮮餐廳（海鮮捲）
高雄市苓雅區三多三路214號（林森路口）
預約電話：07-3353606
營業時間：11:30-14:00, 17:30-21:00
網站：http://www.seafoodnet.com.tw/

舊振南餅店（綠豆椪）
高雄市前金區中正四路84號
電話：07-2856868
營業時間：09:00-22:00
網站：http://www.jzn.com.tw/
照片由業者提供

坪頂果園（玉荷包）
高雄市大樹區小坪里小坪頂
電話：0919-051651
E-mail： wayway726@yahoo.com.tw
網站：http://dashu-litchi.myweb.hinet.net/
照片由業者提供

金門

戀戀紅樓（珍珠奶茶）
金門縣金城鎮模範街22-24號
電話：082-312606
營業時間：11:00-23:00

福建省

聚春園大酒店（佛跳牆）
福建省福州市東街2號
預約電話：86-591-87502328

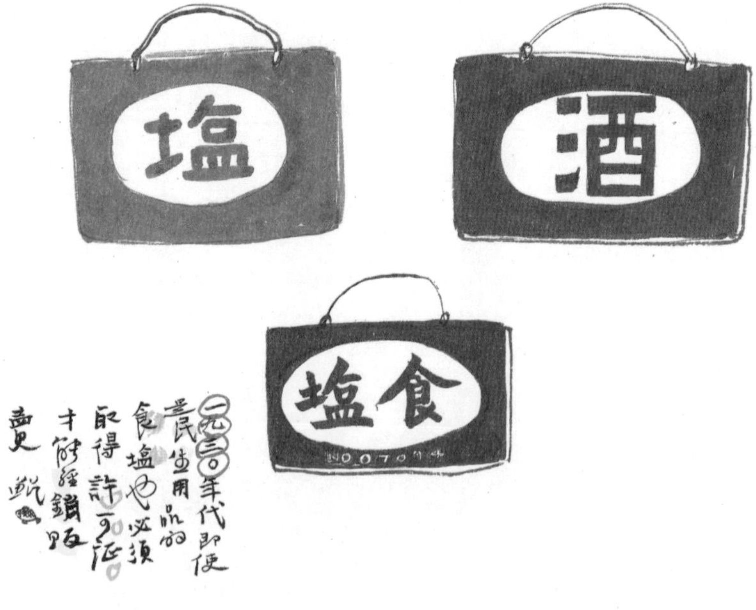
塩
酒
食塩
一九三〇年代即便
是民生用品的
食塩也必須
取得許可證
才能經銷販
賣
凱

一期一會
茶亭禪茶

二魚文化　文學花園　C080

臺灣肚皮

A Flavor of Taiwan: Tasty Taiwan II

作　　者／焦　桐
責任編輯／黃秀慧、馮銘如
繪圖、題字／李蕭錕
美術設計／蔡文錦

出 版 者／二魚文化事業有限公司
116台北市文山區興隆路4段165巷61號6樓
網址　www.2-fishes.com
電話　(02)29373288
傳真　(02)22341388
郵政劃撥帳號　19625599
劃撥戶名　二魚文化事業有限公司

法律顧問／林鈺雄律師事務所

總 經 銷／大和書報圖書股份有限公司
電話　(02)89902588
傳真　(02)22901658

製版印刷／彩峰造藝印像股份有限公司
初版一刷／二〇一二年三月
二版五刷／二〇二〇年七月
I S B N／978-986-6490-61-3
定　　價／三八〇元

國家圖書館出版品預行編目(CIP)資料

臺灣肚皮 / 焦桐著. -- 初版. -- 臺北市
: 二魚文化, 2012.03
304面；　14.8*21公分. -- (文學花園
; C080)
ISBN 978-986-6490-61-3 (平裝)
1.飲食風俗 2.臺灣文化 3.文集

538.7833　　101003194

題字篆印　李蕭錕

二魚文化

焦桐作品集

作品集❼
臺灣味道

作品集❻
暴食江湖

作品集❺
青春標本

作品集❹
完全壯陽食譜

作品集❸
在世界的邊緣

作品集❷
我的房事

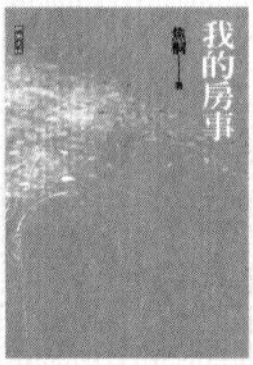

作品集❶
焦桐詩集

一九八〇～一九九三

旗津海產
臺灣的酒家菜
結合了閩南、廣東和日本料理、
是混血的品種

二魚文化事業群 www.2-fishes.com

9 789866 490613 00380

C080 定價 380 元